Caminos del Espíritu
El Viaje del Curandero Chamánico
Por Nora Hughes

Holismo

Contenido

Prólogo 4

Capítulo 1: Curación Chamánica.. 7

Capítulo 2: Estados Alterados de Conciencia...................................... 14

Capítulo 3: El Viaje Chamánico... 22

Capítulo 4: Animales de Poder y Guías Espirituales........................... 30

Capítulo 5: Plantas Sagradas y Medicina de la Tierra......................... 38

Capítulo 6: Ceremonias y Rituales de Curación.................................. 46

Capítulo 7: Canto y Música Chamánica... 54

Capítulo 8: Limpieza Energética y Protección Espiritual.................... 62

Capítulo 9: La Sanación de Heridas Emocionales............................... 70

Capítulo 10: La Sanación de Enfermedades Física 78

Capítulo 11: Recuperación del Alma.. 86

Capítulo 12: El Papel del Chamán en la Comunidad 94

Capítulo 13: Sueños y Visiones.. 102

Capítulo 14: Trabajo con Elementos Naturales 110

Capítulo 15: Prácticas Avanzadas de Curación 118

Capítulo 16: Integración de las Prácticas Chamánicas en la Vida
Cotidiana 126

Capítulo 17: Ética y Responsabilidad en la Práctica Chamánica 134

Capítulo 18: El Futuro del Chamanismo 142

Capítulo 19: Transformación Personal y Despertar Espiritual 150

Capítulo 20: El Camino del Chamán: Compromiso y Dedicación..... 158

Capítulo 21: Preparándose para Liderar Rituales y Ceremonias 166

Capítulo 22: Reflexiones Finales e Integración del Conocimiento 174

Epílogo 181

Prólogo

Desde tiempos inmemoriales, la humanidad ha buscado respuestas para el sufrimiento y el misterio de la existencia. Sin embargo, pocos se han atrevido a explorar los secretos ocultos que impregnan el mundo espiritual y que habitan en las profundidades de la naturaleza. Este libro le invita a un viaje que trasciende las fronteras de lo visible y lo comprensible, revelando los caminos que los antiguos recorrieron en busca de la curación y el equilibrio. Aquí, las técnicas y los rituales de la sanación chamánica se desvelan no solo como prácticas ancestrales, sino como portales hacia dimensiones donde la sabiduría de los espíritus y el poder de la tierra se encuentran para restaurar lo que se ha perdido.

Permítase adentrarse en este universo holístico y misterioso, donde el cuerpo, la mente y el espíritu se entrelazan en una danza de energías y fuerzas invisibles. Imagínese caminando por bosques sagrados, sintiendo el latir de la vida en cada hoja y el susurro de los ancestros en cada soplo de viento. El chamán, figura central de esta narrativa, no es solo un sanador; es un mediador entre mundos, quien se arriesga a atravesar los velos que separan lo tangible de lo intangible, trayendo de vuelta los fragmentos perdidos del alma y armonizando las energías del universo.

La práctica chamánica no se limita a rituales o a estados alterados de conciencia; es un llamado a despertar lo más profundo y primitivo dentro de nosotros. Al sumergirse en las páginas de este libro, descubrirá que el camino del chamán no es lineal. Es una espiral que le lleva a cuestionar las realidades aceptadas y a penetrar en reinos donde lo imposible se vuelve posible. Encontrará relatos y técnicas que cruzan culturas y tradiciones, desde los chamanes siberianos hasta los curanderos amazónicos, todos guiados por la misma certeza: la verdadera sanación va más allá de la materia, residiendo en las raíces espirituales de nuestra existencia.

La sabiduría ancestral transmitida a través de este libro es un poderoso recordatorio de que estamos conectados a una red de vida que trasciende lo individual. Las enfermedades y los desequilibrios que afectan nuestra salud física y emocional son reflejos de rupturas energéticas, y es en la restauración de estas conexiones donde reside la verdadera sanación. El chamán, en su papel sagrado, utiliza los elementos naturales – la tierra, el fuego, el aire y el agua – como aliados en el camino de la sanación, reconociendo en ellos la presencia de espíritus que colaboran activamente en el proceso de armonización.

Déjese guiar por estas palabras como quien sigue un sendero oculto en el bosque. Aquí, lo ordinario y lo extraordinario se fusionan, y se le desafiará a expandir su percepción, a cuestionar las fronteras entre lo visible y lo invisible, entre lo real y lo imaginario. El libro que sostiene en sus manos no es solo una obra sobre sanación, sino una invitación a redescubrir su propia esencia y a participar en un legado milenario de sabiduría que trasciende el tiempo y el espacio.

Al sumergirse en este universo, prepárese para encuentros inesperados. Podrá oír el tambor que resuena en lo profundo de su conciencia, sentir la energía que emana de las plantas sagradas o verse inmerso en estados de percepción ampliada. Cada técnica, cada ritual y cada enseñanza aquí presentados funcionan como llaves que abren portales hacia reinos espirituales donde el chamán busca respuestas y restablece el equilibrio perdido.

El despertar no es un evento aislado, sino un proceso continuo. A medida que profundice en la lectura, se dará cuenta de que la verdadera transformación ocurre cuando nos permitimos cuestionar, sentir y vivir aquello que va más allá de las apariencias. Este libro no promete respuestas fáciles o soluciones inmediatas, sino que ofrece caminos para quienes desean explorar profundamente la naturaleza de la sanación y de la existencia.

Hay una sabiduría oculta en las tradiciones aquí exploradas, una verdad que se revela solo a aquellos que están dispuestos a mirar más allá de las capas superficiales de la realidad. Tal vez sienta el llamado para conectarse con los espíritus de los animales de poder o para descubrir los secretos de las plantas que llevan en sí la esencia de la tierra. O quizás encuentre en sí mismo la fuerza para recorrer el camino del sanador, comprendiendo que la verdadera sanación comienza en el interior y se expande hacia el cosmos.

Prepárese para un viaje sin retorno. Al abrir estas páginas, está aceptando una invitación para explorar lo desconocido y entregarse a un proceso de transformación que podría cambiar para siempre la forma en que ve el mundo y a sí mismo. Deje que cada capítulo funcione como un guía que lo conduzca más profundo, revelando la sabiduría ancestral que late en cada rito, en cada palabra y en cada silencio. Aquí, las verdades ocultas esperan a quienes tienen el valor de buscarlas.

Capítulo 1
Curación Chamánica

La curación chamánica se remonta a los albores de la humanidad, emergiendo como una práctica ancestral que busca sanar el cuerpo, la mente y el espíritu a través de una profunda conexión con la naturaleza y el mundo espiritual. A lo largo de la historia, muchas culturas desarrollaron sus propias variantes del chamanismo, desde los pueblos indígenas de las Américas hasta las tribus siberianas y los antiguos practicantes de Australia. Aunque estas tradiciones varían en sus detalles, comparten una comprensión común: el chamán actúa como mediador entre los mundos visible e invisible, y es capaz de navegar entre ellos para traer equilibrio y sanación.

El chamanismo considera que la realidad se compone de múltiples dimensiones, donde el mundo físico es solo una capa en una red mucho más vasta que incluye el reino espiritual. Los chamanes poseen la capacidad de acceder a estados alterados de conciencia que les permiten percibir y moverse a través de estas dimensiones. Este acceso les facilita comunicarse con espíritus, animales de poder y guías espirituales, quienes ofrecen sabiduría y orientación para sanar desequilibrios que afectan la salud de las personas. La práctica de la curación chamánica, entonces, se basa en el principio de que todo ser vivo está interconectado y que los problemas de salud son indicativos de desequilibrios en estas conexiones.

El papel del chamán en su comunidad no se limita a la sanación física. También es un guardián de las tradiciones, un líder espiritual y un protector del entorno natural. Al actuar como un puente entre el mundo humano y el espiritual, el chamán ayuda a mantener la armonía entre todas las formas de vida. En muchas culturas, se cree que los chamanes no eligen este camino por sí mismos, sino que son llamados o "elegidos" por los espíritus. Este llamado puede manifestarse a través de visiones, enfermedades iniciáticas o experiencias cercanas a la muerte que impulsan al individuo a buscar respuestas más allá de lo ordinario.

La conexión con la naturaleza es fundamental en la curación chamánica. Para el chamán, los elementos del entorno natural no son simplemente recursos físicos, sino entidades con energía y conciencia. La tierra, el agua, el fuego y el aire poseen sus propias cualidades espirituales que pueden ser utilizadas para sanar. Por ejemplo, las plantas sagradas son vistas no solo como fuentes de medicina, sino como seres con los cuales se establece una relación respetuosa y recíproca. El proceso de sanación implica, por lo tanto, no solo la intervención del chamán, sino también la participación activa del entorno natural y de los espíritus que lo habitan.

El uso de estados alterados de conciencia es otra piedra angular de la práctica chamánica. A través de diversas técnicas, como la meditación profunda, la respiración controlada o el uso de plantas sagradas, los chamanes alcanzan un estado de percepción ampliada en el que pueden interactuar con el mundo espiritual. En este estado, pueden recibir visiones, encontrar el origen espiritual de las dolencias y trabajar en la sanación de la persona afectada. Es en estos momentos de trance que el chamán realiza el viaje espiritual, navegando por mundos diferentes para buscar respuestas y obtener la guía necesaria.

Dentro de la cosmovisión chamánica, la enfermedad no es vista únicamente como un fenómeno físico, sino como una manifestación de desequilibrios en la energía vital de la persona. Estos desequilibrios pueden ser causados por una variedad de factores, tales como traumas emocionales, conflictos no resueltos, ataques espirituales o la pérdida de partes del alma. La función del chamán es diagnosticar la naturaleza del desequilibrio, restaurar la energía perdida o eliminada y guiar al individuo en su proceso de sanación. Para ello, puede valerse de diferentes herramientas y técnicas, que van desde cantos y danzas rituales hasta el uso de objetos sagrados.

El chamán se percibe a sí mismo como un vehículo a través del cual actúan fuerzas espirituales mayores. Al entrar en un estado alterado de conciencia, el chamán se abre a estas energías y se convierte en un canal para la sanación. La práctica puede implicar la extracción de energías negativas o la recuperación de fragmentos del alma que se han perdido debido a traumas. Estas técnicas se consideran esenciales para restaurar la salud y el bienestar del individuo, ya que buscan abordar la raíz espiritual de la enfermedad en lugar de solo sus síntomas físicos.

Además del trabajo con individuos, la curación chamánica también desempeña un papel crucial en el mantenimiento de la salud colectiva. En muchas culturas, los rituales chamánicos se llevan a cabo no solo para sanar a una persona, sino también para garantizar la prosperidad y el equilibrio de toda la comunidad. La práctica puede incluir ceremonias para bendecir la cosecha, proteger contra enfermedades epidémicas o mantener la paz entre diferentes grupos. En estos rituales, el chamán asume el papel de mediador entre los intereses de los seres humanos y las fuerzas de la naturaleza, buscando crear armonía y equilibrio en todas las áreas de la vida.

A lo largo de la historia, la práctica chamánica ha evolucionado y se ha adaptado a las cambiantes realidades culturales y ambientales. Sin embargo, su esencia sigue siendo la misma: una búsqueda profunda de conexión y sanación a través de la interacción con el mundo espiritual. Hoy en día, el chamanismo continúa atrayendo a personas que buscan alternativas a la medicina convencional o una forma de vida más alineada con los ritmos de la naturaleza. Aunque algunas prácticas chamánicas han sido reinterpretadas o integradas en sistemas de sanación moderna, el respeto por las tradiciones ancestrales y el entendimiento de la relación sagrada con el entorno natural siguen siendo fundamentales.

La curación chamánica nos recuerda que somos parte de un todo interconectado, y que cualquier sanación auténtica debe considerar no solo el cuerpo físico, sino también la mente, el espíritu y nuestra relación con el universo. En este enfoque holístico, el chamán no es solo un sanador, sino también un guía y un guardián de la sabiduría ancestral. La práctica chamánica nos invita a explorar nuestras propias conexiones con la naturaleza y el mundo espiritual, y a recordar que la sanación es un proceso continuo de equilibrio y reconexión.

A medida que se profundiza en la práctica de la curación chamánica, se descubre la riqueza y diversidad de tradiciones chamánicas que han evolucionado a lo largo de la historia en diferentes partes del mundo. Cada cultura ha desarrollado su propio enfoque, moldeado por el entorno natural, las creencias espirituales y las necesidades específicas de su gente. Sin embargo, a pesar de las variaciones en los rituales y técnicas, existen principios comunes que atraviesan estas tradiciones, proporcionando una base compartida para la práctica moderna del chamanismo.

Las tradiciones chamánicas de Siberia son consideradas una de las formas más antiguas y arquetípicas del chamanismo. En estas culturas, el chamán es visto como una figura central que comunica con los espíritus de la naturaleza y los ancestros para garantizar la supervivencia y el bienestar de la comunidad. A través de estados de trance inducidos por el uso de tambores, cánticos y danzas, el chamán siberiano se embarca en viajes espirituales para buscar orientación, sanar enfermedades o recuperar el alma de personas perdidas. Esta forma de chamanismo destaca por su énfasis en la relación con el mundo animal, ya que muchas veces el chamán adopta un espíritu animal como guía y protector.

En las Américas, las tradiciones chamánicas han florecido en una variedad de formas. Los pueblos indígenas del norte, como los lakota y los navajo, practican rituales que incorporan el uso de la pipa sagrada, la rueda de medicina y la búsqueda de la visión para conectar con el espíritu. En Sudamérica, el uso de plantas sagradas, como la ayahuasca en la Amazonía y el cactus de San Pedro en los Andes, es fundamental en las ceremonias de curación y conexión espiritual. Estas prácticas se centran en el acceso a la sabiduría ancestral y la sanación a través de visiones inducidas por las plantas, que permiten al participante explorar su interior y resolver traumas emocionales o espirituales.

Las tradiciones chamánicas de África también poseen características distintivas. Los sangoma de Sudáfrica, por ejemplo, son sanadores tradicionales que utilizan la comunicación con los ancestros y el lanzamiento de huesos para diagnosticar enfermedades. En el norte de África, entre los bereberes, el chamanismo incorpora la conexión con los espíritus del desierto y el uso de danzas extáticas para inducir estados de trance. Estas prácticas, aunque diversas, comparten el objetivo común de restaurar el equilibrio entre el individuo y el cosmos.

En Australia, las prácticas de los pueblos aborígenes tienen una dimensión profundamente espiritual y simbólica, con el concepto de "Dreamtime" o "Tiempo del Sueño" jugando un papel central en su cosmovisión. Para ellos, el mundo espiritual no es un reino separado, sino una parte integrada de la realidad cotidiana. Los rituales y ceremonias están orientados a mantener esta conexión viva y fluida, permitiendo la comunicación con los antepasados y los espíritus de la tierra. A través de canciones, historias y pinturas sagradas, los aborígenes transmiten su conocimiento espiritual y mantienen el equilibrio en su relación con el entorno.

Aunque estas tradiciones presentan similitudes en su búsqueda de sanación y conexión con el mundo espiritual, también existen diferencias significativas en la forma en que abordan la práctica. Por ejemplo, algunas culturas hacen un uso extensivo de plantas psicoactivas para inducir estados de trance, mientras que otras se centran en técnicas de respiración, movimiento o canto. La interpretación de los espíritus también varía: en algunas tradiciones, los espíritus son vistos como entidades separadas y específicas, mientras que en otras se les percibe como manifestaciones de una energía universal.

El enfoque moderno de la curación chamánica tiende a integrar elementos de varias tradiciones, adaptándolos a las necesidades contemporáneas y al contexto cultural del practicante. Sin embargo, esta integración debe ser llevada a cabo con un profundo respeto por las fuentes ancestrales y una comprensión de la importancia de las prácticas originales. La apropiación indebida o la distorsión de rituales sagrados puede ser perjudicial y deshonrar la sabiduría de las culturas que han preservado estas tradiciones durante milenios. La ética en la práctica chamánica moderna implica reconocer la procedencia de las enseñanzas, honrar a los linajes espirituales y practicar con humildad y responsabilidad.

El chamán no solo es responsable de su propio desarrollo espiritual, sino también de la integridad de la práctica que lleva a cabo. La responsabilidad incluye la seguridad y el bienestar de aquellos a quienes asiste, así como la preservación de los principios fundamentales del chamanismo. Esto significa evitar prácticas que puedan causar daño o utilizar métodos de forma inapropiada. Además, el chamán moderno debe ser consciente de los límites de su práctica y estar dispuesto a colaborar con otros profesionales, incluidos los médicos tradicionales, cuando sea necesario.

La ética en la curación chamánica también abarca la relación con el entorno natural. En muchas culturas tradicionales, los chamanes actúan como guardianes de la tierra, protegiendo el equilibrio ecológico y la sostenibilidad de los recursos naturales. Esta perspectiva es especialmente relevante hoy en día, ya que enfrentamos desafíos globales relacionados con el cambio climático y la pérdida de biodiversidad. La práctica chamánica moderna, al igual que sus antecesoras, debe fomentar una relación respetuosa y recíproca con la naturaleza, reconociendo que la salud humana está intrínsecamente ligada a la salud del planeta.

Respetar las tradiciones ancestrales no significa necesariamente replicar los rituales tal como se han practicado durante siglos, sino adaptar sus principios a las circunstancias actuales de manera que mantengan su esencia. Por ejemplo, los rituales que involucraban caza o sacrificio pueden ser reinterpretados en formas simbólicas que honren la vida. Del mismo modo, las ceremonias que originalmente se realizaban en lugares específicos pueden ser adaptadas a nuevos entornos, siempre que se mantenga la intención y la conexión con los elementos fundamentales de la práctica.

En este sentido, es importante que el chamán moderno comprenda no solo las técnicas de sanación, sino también el contexto cultural y espiritual en el que surgieron. Esto le permitirá practicar de manera ética y respetuosa, evitando caer en el sincretismo superficial o la comercialización de la espiritualidad. La curación chamánica es un arte sagrado, y quienes lo practican tienen la responsabilidad de mantener su integridad, protegiendo su autenticidad y transmitiéndolo con fidelidad a las futuras generaciones.

La integración de las tradiciones chamánicas en la práctica moderna puede enriquecer significativamente la experiencia de sanación, proporcionando herramientas poderosas para abordar problemas tanto físicos como emocionales y espirituales. Sin embargo, es crucial mantener la conciencia de que estas prácticas provienen de un legado espiritual que trasciende fronteras culturales y temporales. Practicar con respeto, responsabilidad y gratitud es la mejor manera de honrar a los ancestros y a los espíritus que han transmitido su conocimiento a lo largo del tiempo.

Capítulo 2
Estados Alterados de Conciencia

El chamanismo se fundamenta en la capacidad del chamán para acceder a estados alterados de conciencia, que permiten entrar en contacto con el mundo espiritual y otras dimensiones de la realidad. Estos estados no son simplemente cambios en la percepción sensorial, sino transformaciones profundas en la conciencia que facilitan la comunicación con seres espirituales, la exploración de la psique y la realización de actos de sanación. El acceso a estos estados es un componente esencial de la práctica chamánica, ya que posibilita el "viaje" o desplazamiento de la conciencia a otras realidades donde el chamán puede encontrar respuestas, resolver conflictos y restaurar el equilibrio energético.

La inducción de estados alterados de conciencia puede lograrse a través de una variedad de métodos, que van desde técnicas meditativas hasta el uso de sustancias naturales con propiedades psicoactivas. Uno de los métodos más comunes en la tradición chamánica es el uso del sonido, particularmente del tambor y los cánticos rítmicos. El sonido repetitivo y constante del tambor produce una frecuencia que puede sincronizarse con las ondas cerebrales, creando un estado de trance en el que la conciencia del chamán se expande y es capaz de acceder a otras realidades. Este uso rítmico del tambor se encuentra en muchas culturas chamánicas, desde los pueblos siberianos hasta las tribus nativas americanas, debido a su capacidad comprobada para inducir estados de conciencia modificados sin el uso de sustancias.

Otro método tradicional para alcanzar estos estados es la respiración controlada, conocida en algunos contextos como respiración holotrópica o respiración chamánica. Al alterar los patrones respiratorios, el chamán puede inducir cambios en la química del cerebro y la distribución de oxígeno en el cuerpo, lo que resulta en experiencias de trance y visiones. Este enfoque es particularmente utilizado en prácticas chamánicas donde el uso de plantas sagradas no es común o es reservado para ocasiones especiales. La respiración consciente y controlada también se usa para mantener el foco y la claridad durante la experiencia chamánica, evitando que el chamán pierda el control o se desoriente en el mundo espiritual.

Las plantas sagradas han desempeñado un papel significativo en la inducción de estados alterados de conciencia dentro del chamanismo, especialmente en las tradiciones de América del Sur y otras culturas indígenas. Sustancias como la ayahuasca, el peyote, el San Pedro y los hongos psilocibios se han utilizado durante milenios para facilitar el acceso a dimensiones espirituales y activar procesos de sanación. Estas plantas, consideradas maestros o guías espirituales en sí mismas, abren puertas hacia el mundo no ordinario, permitiendo que el chamán y los participantes en ceremonias experimenten visiones, reciban mensajes y sanen a un nivel profundo. El uso de estas plantas es siempre realizado en un contexto ritual, con un enfoque ceremonial que busca guiar la experiencia de manera segura y respetuosa.

El enfoque de la meditación en el chamanismo, aunque diferente del que se encuentra en las tradiciones orientales, también es una práctica clave para alcanzar estados alterados de conciencia. La meditación chamánica se centra en la visualización y la intención, utilizando imágenes mentales, objetos de poder o guías espirituales para enfocar la mente y cruzar el umbral hacia el mundo espiritual. En algunas tradiciones, el chamán puede sentarse en silencio, concentrándose en un símbolo sagrado o en la naturaleza circundante, dejando que la conciencia se expanda y entre en contacto con otras realidades. Este tipo de meditación facilita una forma de comunión más pasiva con los espíritus, donde el chamán actúa como receptor de mensajes y energías sanadoras.

La importancia de un estado mental adecuado para la curación chamánica no puede ser subestimada. Al entrar en un estado alterado de conciencia, el chamán no solo expande su percepción, sino que también cambia su vibración energética para alinearse con el reino espiritual. Este cambio es crucial para que la sanación ocurra, ya que permite que las energías espirituales fluyan a través del chamán y lleguen al paciente o a la situación que requiere sanación. Mantener un estado mental adecuado implica una preparación que puede incluir rituales de limpieza, rezos o meditaciones previas al trabajo chamánico. El chamán debe entrar en el estado de trance con una intención clara y un enfoque determinado, evitando distracciones y manteniendo una disposición de apertura hacia lo que pueda encontrarse.

Los estados alterados de conciencia no son uniformes; varían en intensidad y en las experiencias que generan. El chamán puede experimentar desde leves cambios en la percepción sensorial hasta visiones completas de otras realidades. En ocasiones, el estado alterado implica una disolución del ego, en la cual la identidad personal se funde con el entorno o con una entidad espiritual. En otras ocasiones, el chamán puede "desdoblarse", es decir, sentir que su conciencia abandona el cuerpo físico y se desplaza a otra dimensión o lugar. Estos fenómenos son parte integral del viaje chamánico y son abordados con respeto y conocimiento para evitar peligros o experiencias no deseadas.

Es importante destacar que no todos los estados alterados de conciencia son beneficiosos o seguros para la sanación. Un estado mental perturbado o una inducción inadecuada del trance pueden resultar en experiencias confusas o incluso dañinas. Por esta razón, el chamán debe estar bien entrenado en las técnicas de inducción y también en la manera de salir de un estado alterado de manera segura. La guía y supervisión de un chamán experimentado son esenciales, especialmente para quienes son nuevos en la práctica chamánica. El entrenamiento incluye aprender a identificar los signos de un trance profundo, saber cuándo es el momento adecuado para entrar y salir del estado, y cómo manejar cualquier energía o entidad con la que se pueda interactuar.

En algunas culturas, se cree que los estados alterados de conciencia permiten no solo el contacto con espíritus y seres de otros mundos, sino también el acceso a conocimientos ancestrales y universales. En estos estados, el chamán puede recibir enseñanzas directas de sus ancestros o de espíritus maestros, que le guían en su camino y en la práctica de la sanación. Estas experiencias de aprendizaje en el estado alterado son consideradas sagradas y, a menudo, se llevan a cabo en momentos específicos de la vida del chamán, como en rituales de iniciación o en ceremonias importantes para la comunidad.

La capacidad de acceder a estos estados no es exclusiva de los chamanes; cualquier persona puede experimentar estados alterados de conciencia mediante la práctica adecuada. Sin embargo, la formación del chamán le permite navegar estos estados con mayor habilidad y utilizar la experiencia para el propósito específico de la sanación. El dominio de los estados alterados de conciencia es una de las habilidades más apreciadas y desarrolladas en el camino chamánico, ya que es la puerta de entrada hacia el conocimiento espiritual y la fuente de poder que nutre la práctica del chamán.

La comprensión de cómo inducir y manejar estados alterados de conciencia, así como el conocimiento de sus funciones en la práctica de la sanación, es fundamental para todo chamán. Estos estados ofrecen un medio para trascender las limitaciones del mundo físico, acceder a realidades espirituales y lograr la sanación en niveles que la medicina convencional no alcanza. La preparación, la intención clara y el respeto por las fuerzas que se encuentran en esos estados son los principios que aseguran una práctica chamánica segura y efectiva.

El dominio de los estados alterados de conciencia es un aspecto esencial en la práctica chamánica, y existen diversos métodos específicos para inducir estos estados de manera segura y eficaz. Cada técnica ofrece un camino distinto hacia la apertura de la conciencia y la conexión con el mundo espiritual, permitiendo que el chamán o el practicante acceda a niveles más profundos de percepción y conocimiento. Entre los métodos más utilizados se encuentran el uso de tambores y cánticos chamánicos, la guía a través de rituales y ceremonias, y la utilización de técnicas avanzadas de respiración y movimiento.

El uso del tambor es quizás la técnica chamánica más difundida para inducir estados alterados de conciencia. El sonido rítmico del tambor, con una frecuencia específica de entre 4 y 7 golpes por segundo, coincide con el rango de las ondas theta del cerebro, que están asociadas con estados de sueño profundo, meditación y trance. Cuando un tambor se toca de manera continua y constante, el sonido puede "arrastrar" las ondas cerebrales del oyente hacia un estado de trance. Este método se usa para facilitar el "viaje chamánico", donde el practicante visualiza su conciencia moviéndose a través de diferentes dimensiones para encontrar guía o sanación. Los tambores también se utilizan para "anclar" al chamán, proporcionando una referencia auditiva constante que le ayuda a regresar al estado de conciencia ordinaria al final del viaje.

Los cánticos chamánicos, que a menudo acompañan al uso del tambor, son otra forma poderosa de inducir estados alterados. Estos cánticos pueden consistir en palabras sagradas, frases repetitivas o sonidos vocálicos prolongados que resuenan en el cuerpo y la mente. El uso de la voz en el chamanismo no solo tiene un efecto en la inducción del trance, sino también en la manifestación de la energía sanadora. El sonido emitido puede ser visto como una vibración que influye en el campo energético del paciente o del mismo chamán, facilitando la sanación. En algunas tradiciones, el chamán canta en un idioma ancestral o en "lenguaje del espíritu", una forma de comunicación que no sigue una lógica lingüística humana, sino que se cree que es entendida por los espíritus y fuerzas del mundo espiritual.

La respiración es otro método clave utilizado para inducir estados alterados de conciencia. La respiración holotrópica, por ejemplo, es una técnica desarrollada a partir de prácticas chamánicas tradicionales que implica patrones de respiración rápida e intensa para activar procesos internos y expandir la conciencia. En el chamanismo, la respiración se usa de manera consciente para modificar el flujo de energía en el cuerpo, despejar bloqueos y activar centros energéticos. La respiración controlada puede ser una forma segura y no invasiva de experimentar estados alterados sin necesidad de plantas sagradas o sustancias externas. En algunos rituales chamánicos, se combina con el uso de tambores o cánticos para intensificar el efecto y facilitar el acceso a dimensiones espirituales.

El movimiento y la danza también juegan un papel importante en la inducción de estados alterados. La danza extática, que implica movimientos repetitivos y rítmicos, permite al cuerpo liberar tensiones y entrar en un estado de trance. En algunas culturas, las danzas rituales son una parte fundamental de la práctica chamánica, donde el chamán o los participantes bailan alrededor de un fuego sagrado o en un círculo, siguiendo un ritmo que se vuelve hipnótico. El movimiento físico ayuda a desorientar la percepción cotidiana, permitiendo que la mente se enfoque en la experiencia espiritual y no en el entorno físico inmediato. Esta práctica es común en tradiciones chamánicas africanas, donde la danza es un medio para "montar" o ser "montado" por los espíritus, estableciendo una conexión directa con el mundo espiritual.

La inducción de estados alterados a través de plantas sagradas sigue siendo una de las técnicas más poderosas y complejas del chamanismo. Las plantas, como la ayahuasca, el peyote o el cactus San Pedro, contienen compuestos psicoactivos que alteran la percepción y abren la conciencia a otras realidades. Sin embargo, su uso requiere una preparación cuidadosa y un contexto ceremonial guiado por un chamán experimentado. Las plantas sagradas no solo inducen un estado alterado, sino que también son vistas como "maestros" que enseñan, sanan y revelan conocimientos ocultos. En este contexto, la intención es clave, ya que el efecto de la planta será influenciado por el propósito con el cual se ingiere y la disposición mental del participante.

Cuando el chamán guía a otros a estos estados alterados, su rol es crucial para asegurar que la experiencia sea segura y beneficiosa. El chamán actúa como un guía experimentado, protegiendo el espacio sagrado y brindando soporte durante el trance. Puede ofrecer palabras de aliento, tocar instrumentos o utilizar otros métodos para ayudar al practicante a profundizar en el estado alterado o regresar a la conciencia ordinaria si es necesario. La orientación adecuada implica una preparación previa, donde el chamán y el participante discuten la intención de la experiencia, posibles riesgos y métodos para manejar cualquier dificultad que surja durante el trance.

Aunque la práctica chamánica está diseñada para facilitar la sanación y el crecimiento espiritual, es fundamental ser consciente de los riesgos potenciales asociados con los estados alterados de conciencia. La sobreexposición o una inducción inapropiada del trance puede causar ansiedad, desorientación o incluso desencadenar experiencias traumáticas. Por esta razón, es importante que el chamán sepa cómo "cerrar" el estado alterado y "limpiar" el campo energético del participante después de la experiencia. También es crucial establecer límites claros en el trabajo chamánico, evitando la exposición prolongada a estados alterados sin descansos adecuados o integración posterior.

El uso de estados alterados para la sanación requiere un enfoque consciente y ético. La práctica chamánica no es una herramienta para la mera experimentación o entretenimiento; cada sesión de trance tiene un propósito sagrado y debe ser abordada con respeto y responsabilidad. Además, es esencial considerar el estado de salud física y mental de los participantes antes de inducir un estado alterado, ya que ciertas condiciones pueden contraindicar su uso. El chamán debe evaluar cada situación de manera individual y estar preparado para ofrecer apoyo adicional, como técnicas de integración o recomendaciones para la recuperación después de la experiencia.

Las técnicas avanzadas para guiar a otros en estados alterados de conciencia pueden incluir la combinación de múltiples métodos, como el uso de plantas sagradas junto con tambores y respiración holotrópica, para intensificar la experiencia. Sin embargo, es importante que el chamán mantenga siempre un enfoque equilibrado y cuidadoso, adaptando la intensidad de la experiencia a las necesidades del participante. La habilidad para manejar estas técnicas avanzadas proviene de la experiencia y el entrenamiento continuo, así como de una conexión profunda con los espíritus y guías que asisten en el trabajo chamánico.

Finalmente, es importante recordar que la práctica de inducir estados alterados de conciencia tiene como objetivo principal la sanación y la búsqueda de conocimiento, no la evasión de la realidad. A través de estas experiencias, el chamán y los participantes no solo buscan sanar el cuerpo o resolver conflictos emocionales, sino también aprender lecciones espirituales que pueden aplicar en su vida diaria. El trabajo con estados alterados es, por lo tanto, una herramienta para transformar y mejorar la vida, integrando lo aprendido en la realidad cotidiana y promoviendo un camino de equilibrio y crecimiento espiritual.

Capítulo 3
El Viaje Chamánico

El viaje chamánico es una práctica central en la curación chamánica, que implica el desplazamiento de la conciencia del chamán hacia diferentes dimensiones o "mundos" para buscar sanación, guía o conocimiento. En este proceso, el chamán accede a realidades no ordinarias mediante estados alterados de conciencia, permitiendo la conexión directa con seres espirituales, guías y otras energías que existen más allá de la percepción cotidiana. El viaje chamánico no es simplemente una experiencia visual o meditativa; es una herramienta activa y poderosa para sanar y explorar la dimensión espiritual de la existencia.

Dentro del contexto chamánico, se conceptualizan tres mundos principales que el chamán puede explorar durante su viaje: el mundo inferior, el mundo medio y el mundo superior. Cada uno de estos mundos tiene su propio carácter y propósito en el trabajo espiritual. El mundo inferior se asocia con la tierra, el subconsciente y el reino de los animales de poder. Aquí, el chamán puede encontrar guías animales, obtener energía de la naturaleza y trabajar en la sanación de traumas profundamente arraigados. Este mundo es visto no como un lugar oscuro o negativo, sino como un reino fértil lleno de sabiduría ancestral y fuerza vital.

El mundo medio representa la realidad física y el entorno cotidiano, pero en su dimensión espiritual. Es un lugar donde el chamán puede trabajar con las energías del entorno, conectar con los espíritus de la naturaleza y resolver cuestiones relacionadas con la vida diaria. En el mundo medio, la percepción se amplía para incluir las fuerzas espirituales que influyen en la realidad física. El chamán puede usar este reino para abordar problemas relacionados con la salud física, la protección del hogar o la relación con los elementos naturales. El trabajo en el mundo medio es especialmente útil para integrar la práctica chamánica en la vida cotidiana, ya que conecta directamente el mundo espiritual con el día a día.

El mundo superior, por otro lado, se asocia con el reino de los espíritus guías, maestros y seres de luz. Es un lugar de conocimiento elevado y de orientación espiritual, donde el chamán busca respuestas a preguntas profundas o recibe enseñanzas que trascienden la experiencia humana ordinaria. Aquí, la comunicación con los guías espirituales puede proporcionar una visión más amplia de la vida, ayudando al chamán a comprender la esencia de los desafíos o a recibir mensajes importantes para su camino o el de la persona a la que asiste. El mundo superior no está limitado por las leyes físicas y, por lo tanto, permite acceder a una percepción más expansiva de la realidad.

El propósito del viaje chamánico varía según las necesidades de la persona o la situación. Un viaje puede realizarse para buscar sanación, recuperar fragmentos del alma, encontrar un animal de poder o recibir orientación sobre decisiones importantes. El chamán entra en el estado alterado de conciencia con una intención clara, que sirve como guía para el viaje. Durante la experiencia, el chamán puede encontrarse con seres espirituales o paisajes simbólicos que tienen un significado relevante para el propósito del viaje. La capacidad de interpretar estos símbolos y mensajes es fundamental para que el trabajo chamánico sea efectivo.

Para navegar con éxito entre los diferentes mundos, el chamán necesita desarrollar habilidades específicas y un conocimiento profundo de las técnicas del viaje. Una de las habilidades más importantes es la capacidad de moverse conscientemente entre los estados de conciencia alterada y la realidad ordinaria. El chamán debe poder entrar y salir del trance con control, evitando perderse en la experiencia o traer de regreso energías no deseadas. Esta habilidad se cultiva a través de la práctica continua y la experiencia acumulada, lo cual le permite al chamán desarrollar una percepción aguda de los límites entre las dimensiones.

El uso de un "vehículo" simbólico es una técnica común para facilitar el viaje. Este vehículo puede ser un animal de poder, un objeto sagrado o incluso un medio de transporte imaginario, como un barco o un caballo. El vehículo actúa como un medio que lleva la conciencia del chamán de un mundo a otro, proporcionando estabilidad y dirección en el viaje. La elección del vehículo suele estar influenciada por las experiencias personales del chamán o por los mensajes recibidos de sus guías espirituales. En algunos casos, el vehículo puede cambiar según el propósito del viaje o la naturaleza del mundo que se desea visitar.

La preparación para el viaje chamánico es un aspecto esencial para su éxito. Antes de embarcarse en un viaje, el chamán puede realizar rituales de limpieza y protección para purificar su energía y evitar la interferencia de fuerzas negativas. La preparación también puede incluir el uso de herramientas como tambores, maracas, inciensos o piedras sagradas, que ayudan a crear un entorno propicio para la experiencia. Además, el chamán establece una intención clara antes de comenzar, enfocándose en la pregunta o el problema que busca resolver. Esta intención actúa como un "mapa" para guiar el viaje, proporcionando una dirección específica para la exploración.

El retorno del viaje es un momento crítico, ya que el chamán debe regresar con la conciencia clara y traer consigo los mensajes o la energía sanadora adquirida. Para ello, se pueden utilizar técnicas específicas, como tocar instrumentos o recitar palabras de cierre, que ayudan a anclar la conciencia de vuelta en la realidad ordinaria. Al final del viaje, el chamán puede compartir lo que ha visto o experimentado, interpretando las visiones y explicando cómo pueden aplicarse a la sanación o la situación en cuestión. Este proceso de integración es fundamental para que el trabajo chamánico sea efectivo y tenga un impacto real en la vida del practicante o del consultante.

El viaje chamánico también puede ser utilizado para recuperar partes perdidas del alma, un proceso conocido como "recuperación del alma". Según la cosmovisión chamánica, traumas o eventos impactantes pueden causar que fragmentos del alma se separen del individuo, lo que resulta en sentimientos de vacío, pérdida o desconexión. A través del viaje, el chamán busca estos fragmentos en los diferentes mundos y los trae de regreso, reintegrándolos en la persona para restaurar la totalidad y el equilibrio energético. La recuperación del alma es un aspecto profundo del trabajo chamánico, ya que aborda no solo los síntomas superficiales de la enfermedad, sino sus causas espirituales subyacentes.

La práctica del viaje chamánico no está limitada a los chamanes; personas que no son chamanes tradicionales también pueden aprender a realizar viajes con fines de autoconocimiento o sanación. Sin embargo, es fundamental que quienes se aventuran en esta práctica lo hagan con respeto y precaución, ya que la experiencia puede ser intensa y confrontar aspectos profundos de la psique. Es recomendable que los principiantes sean guiados por un chamán experimentado hasta que adquieran la habilidad y confianza necesarias para emprender sus propios viajes.

El viaje chamánico nos conecta con el universo interior y exterior, revelando aspectos de nuestra existencia que no son accesibles en la vida cotidiana. A través de este proceso, el chamán o practicante no solo obtiene respuestas o sanación, sino que también profundiza en la comprensión de su propósito y lugar en el mundo. La experiencia del viaje nos recuerda que la realidad no es unidimensional, y que nuestra conciencia tiene la capacidad de explorar reinos más allá de lo visible, en busca de equilibrio, sabiduría y transformación.

El viaje chamánico, aunque es una práctica accesible para quienes se dedican al chamanismo, requiere un enfoque profundo y técnicas específicas para maximizar su efectividad y seguridad. Una vez comprendidos los conceptos básicos y los distintos mundos que pueden explorarse, es posible adentrarse en las técnicas para profundizar estas experiencias, así como en las situaciones particulares en las que el viaje chamánico puede aplicarse para lograr sanación o descubrimientos espirituales.

Las técnicas para profundizar el viaje chamánico varían, pero una de las más efectivas es la repetición de ciertos rituales o prácticas antes y durante el trance. Esto puede incluir el uso continuado de tambores, cánticos específicos o instrumentos como maracas, cuyo sonido ayuda a mantener el enfoque y a profundizar el estado alterado de conciencia. La respiración controlada, que acompaña la práctica, también juega un papel importante para entrar más profundamente en el trance y explorar aspectos más ocultos de los mundos espirituales. Cada uno de estos métodos ayuda al chamán o al practicante a liberar distracciones mentales y a abrirse completamente a la experiencia del viaje.

Otra técnica para profundizar en el viaje es el uso de visualización guiada, en la que el chamán imagina paisajes específicos o elementos simbólicos que ayudan a atravesar los diferentes niveles de los mundos espirituales. Por ejemplo, visualizar una cueva o un túnel al inicio del viaje puede facilitar el acceso al mundo inferior, mientras que la visualización de un árbol o montaña puede simbolizar la conexión entre los mundos inferior, medio y superior. Estas visualizaciones no son meras fantasías, sino herramientas prácticas que orientan la conciencia en el trance, proporcionándole una estructura para navegar en realidades complejas.

La intención clara y enfocada también juega un papel crucial en la profundidad del viaje chamánico. Cuanto más específica sea la intención establecida antes del viaje, más probabilidades habrá de que el chamán reciba respuestas o visiones relevantes. La intención puede ser sanar un aspecto específico de la vida de la persona, buscar la guía de un animal de poder o resolver un conflicto emocional. El establecimiento de una intención clara es esencial para evitar que el viaje se convierta en una experiencia confusa o caótica, ya que proporciona un "norte" al cual dirigirse durante la exploración.

En situaciones particulares, como la búsqueda de animales de poder, el viaje chamánico se convierte en un proceso intencional para encontrar y conectarse con un espíritu animal que ofrezca protección, guía y fortaleza. Los animales de poder son vistos como aliados espirituales que representan cualidades específicas y que acompañan al chamán en sus travesías. Durante el viaje, el chamán puede pedir la presencia de un animal de poder, y a menudo este se manifiesta a través de visiones o señales que indican su identidad. Una vez identificado, el chamán puede establecer una relación continua con este aliado, invocándolo en futuros trabajos chamánicos y aprendiendo de las cualidades que simboliza.

Otra aplicación específica del viaje chamánico es la sanación de traumas emocionales o espirituales. En este contexto, el chamán puede buscar la causa profunda de un dolor o problema, que podría estar relacionado con experiencias pasadas o fragmentaciones del alma. Durante el viaje, el chamán puede encontrar representaciones simbólicas del trauma, como paisajes oscuros, barreras o entidades que representan el bloqueo. A través de la interacción con estos símbolos y la aplicación de técnicas chamánicas, como la extracción de energías negativas o la recuperación de partes perdidas del alma, el chamán facilita un proceso de sanación que va más allá de lo físico, llegando a las raíces espirituales del problema.

El viaje chamánico también puede utilizarse para resolver problemas cotidianos o tomar decisiones importantes. En este caso, el chamán realiza el viaje con la intención de obtener claridad o guía sobre una situación específica. En el mundo espiritual, el chamán puede recibir mensajes directos de guías espirituales o encontrarse con símbolos que deben interpretarse para obtener respuestas. Estos mensajes suelen ser reveladores y pueden proporcionar una perspectiva que no es evidente en la vida diaria, ayudando a tomar decisiones con mayor seguridad y alineación con el camino espiritual del individuo.

Una de las técnicas avanzadas en el viaje chamánico es la capacidad de "extraer" información o energía sanadora de los mundos espirituales y traerla de regreso a la realidad ordinaria. Esto puede incluir la extracción de energía bloqueada del cuerpo del paciente, la transferencia de energía curativa de una fuente espiritual o la recuperación de partes del alma que han sido fragmentadas. Para realizar estas tareas con éxito, el chamán debe estar altamente capacitado para manejar las energías que encuentra y para distinguir entre lo que es beneficioso y lo que no lo es. Además, la reintegración de la energía o la información adquirida debe hacerse con cuidado, asegurando que el paciente o el chamán estén preparados para manejar los efectos posteriores.

El regreso de un viaje chamánico puede ser un momento de gran transformación, y es crucial que el chamán implemente un proceso de integración. La integración implica llevar los conocimientos y las experiencias del mundo espiritual a la vida cotidiana, aplicándolos de manera práctica para promover la sanación y el crecimiento personal. Puede ser útil que el chamán o el participante anote sus experiencias en un diario, reflexionando sobre los símbolos y mensajes recibidos. También puede ser necesario llevar a cabo rituales adicionales para reforzar los efectos positivos del viaje y asegurarse de que la sanación sea completa y duradera.

A veces, los viajes chamánicos pueden traer experiencias difíciles o incluso perturbadoras. Esto ocurre cuando el chamán o el participante se enfrenta a aspectos oscuros de su psique o a energías negativas que necesitan ser transformadas. En estos casos, es fundamental que el chamán se mantenga calmado y utilice técnicas adecuadas para protegerse y manejar la situación. La ayuda de guías espirituales, animales de poder o aliados es crucial en estos momentos, ya que pueden proporcionar apoyo y protección. El chamán también debe saber cuándo es el momento de regresar y cómo cerrar la experiencia para evitar efectos adversos.

La práctica continuada del viaje chamánico permite al chamán desarrollar una habilidad más refinada para percibir los diferentes niveles de la realidad espiritual y física. Con el tiempo, la línea entre el mundo espiritual y el mundo ordinario se vuelve más permeable, lo que facilita una integración más fluida de las experiencias chamánicas en la vida diaria. Este desarrollo no solo enriquece la práctica chamánica, sino que también fortalece la conexión del chamán con su propio ser interno y con el universo. La experiencia acumulada en los viajes permite al chamán actuar con mayor confianza y eficacia en el trabajo de sanación y en su papel como mediador entre los mundos.

El viaje chamánico, cuando se practica con disciplina y respeto, se convierte en una herramienta poderosa para la transformación personal y la sanación espiritual. Más que una simple técnica, es una forma de vida que conecta al practicante con las fuerzas primordiales del universo y le recuerda su papel en la red de la existencia. A través del viaje, no solo se buscan respuestas o curaciones, sino que se vive una experiencia que transforma la forma en que se percibe la realidad, abriendo puertas a un conocimiento profundo y a una conexión espiritual que trasciende lo cotidiano.

Capítulo 4
Animales de Poder y Guías Espirituales

Dentro de la práctica chamánica, los animales de poder y los guías espirituales ocupan un lugar fundamental en el proceso de sanación y en la conexión con el mundo espiritual. Se consideran seres espirituales que asisten al chamán o al practicante en sus viajes, proporcionándole protección, sabiduría y orientación. Los animales de poder, en particular, son vistos como aliados que reflejan cualidades esenciales que la persona necesita desarrollar o que ya posee en su interior. Al trabajar con ellos, el chamán fortalece su capacidad para navegar los mundos espirituales y aplicar la energía sanadora en el mundo físico.

El concepto de animales de poder se encuentra en muchas tradiciones chamánicas alrededor del mundo. Estos animales no son vistos simplemente como representaciones simbólicas, sino como manifestaciones de espíritus que tienen una presencia real en el trabajo chamánico. En el chamanismo de los pueblos nativos de América del Norte, por ejemplo, cada persona tiene uno o varios animales de poder que la acompañan desde el nacimiento y que pueden aparecer en momentos de necesidad. En las tradiciones siberianas, el chamán es a menudo "montado" por su animal de poder durante los rituales, canalizando su fuerza y cualidades para realizar la sanación.

Conectar con un animal de poder es un proceso que generalmente ocurre durante un viaje chamánico. El chamán o practicante entra en un estado alterado de conciencia con la intención de encontrar o reconocer a su animal de poder. A menudo, este espíritu animal se presenta de manera inesperada, ya sea a través de visiones o encuentros en el mundo espiritual. La aparición del animal puede ser un encuentro visual o puede manifestarse a través de sensaciones físicas, sonidos o incluso emociones. La clave es permanecer abierto y receptivo a las señales que puedan surgir durante el viaje.

Una vez que se ha identificado el animal de poder, es importante que el chamán desarrolle una relación continua y profunda con este aliado espiritual. Esta conexión no es estática; evoluciona a lo largo del tiempo y puede ofrecer nuevas lecciones y formas de apoyo a medida que cambia la vida del practicante. El chamán puede recurrir al animal de poder para obtener orientación en situaciones difíciles, pedir su protección en momentos de vulnerabilidad o invocar sus cualidades específicas para superar desafíos. Por ejemplo, un lobo puede representar la lealtad y la agudeza, mientras que un águila simboliza la visión clara y la capacidad de ver desde una perspectiva elevada.

El trabajo con animales de poder también implica incorporar sus cualidades en la vida diaria. El chamán puede aprender a expresar la energía del animal de poder a través de su comportamiento, sus decisiones y su actitud frente a la vida. Este proceso de integración fortalece la relación con el espíritu del animal y convierte sus cualidades en un recurso práctico y constante. Los rituales y las ofrendas son prácticas comunes para honrar a los animales de poder y agradecerles su ayuda. En algunas culturas, se realizan danzas o cánticos específicos en los que el chamán imita los movimientos y sonidos del animal para profundizar la conexión y expresar gratitud.

Además de los animales de poder, los guías espirituales desempeñan un papel crucial en la práctica chamánica. A diferencia de los animales de poder, que a menudo tienen una forma física específica, los guías espirituales pueden manifestarse en una variedad de formas, como ancestros, maestros espirituales, deidades o incluso seres de luz sin forma humana. Estos guías proporcionan sabiduría y asistencia en el trabajo de sanación, ayudando al chamán a tomar decisiones, a comprender los mensajes recibidos durante el trance y a realizar tareas específicas en el mundo espiritual.

El proceso para identificar y conectarse con los guías espirituales puede ser diferente al de los animales de poder, ya que a menudo implica una relación más consciente y explícita. En algunos casos, el chamán es visitado por un guía espiritual durante un estado de trance profundo o en un sueño significativo. En otros casos, el guía se presenta a lo largo del tiempo, enviando señales sutiles o influencias que el chamán puede llegar a reconocer. A medida que la relación se fortalece, el chamán aprende a invocar la presencia del guía espiritual en sus rituales y trabajos de sanación, confiando en su sabiduría para abordar cuestiones complejas o espiritualmente exigentes.

Tanto los animales de poder como los guías espirituales no solo ayudan al chamán a sanar a otros, sino que también son fuentes de sanación personal. Al trabajar con estos aliados espirituales, el chamán aborda sus propios bloqueos, miedos o desafíos internos. Los guías espirituales, en particular, tienden a ofrecer enseñanzas que van más allá de la sanación física o emocional, ayudando al chamán a comprender su propósito espiritual y su camino en la vida. Estas enseñanzas pueden llegar en forma de visiones, mensajes directos o lecciones a través de experiencias vividas.

El descubrimiento de un animal de poder personal o un guía espiritual no es algo que ocurra una sola vez. A lo largo de la vida, un chamán puede encontrarse con múltiples animales de poder y guías, cada uno de los cuales puede tener un propósito particular en un momento específico. Algunos pueden estar presentes durante toda la vida del chamán, mientras que otros pueden aparecer solo temporalmente para asistir en circunstancias especiales o durante transiciones importantes. Es por eso que el chamán debe mantener siempre una actitud de apertura y humildad, dispuesto a recibir nuevos aliados y a aprender de ellos.

Los sueños y las señales en la vida diaria son otras formas mediante las cuales los animales de poder y los guías espirituales se comunican con el chamán. Por ejemplo, si un animal en particular aparece repetidamente en sueños, en encuentros reales o en imágenes significativas, puede ser un indicio de que este espíritu está tratando de establecer contacto. El chamán debe estar atento a estas manifestaciones y tomarlas como oportunidades para profundizar su comprensión y conexión con el mundo espiritual. La interpretación de estos signos puede proporcionar valiosas pistas sobre el tipo de trabajo o sanación que es necesario realizar.

En la práctica chamánica, no se trata solo de recibir la ayuda de los animales de poder y los guías espirituales, sino también de colaborar activamente con ellos. Esta relación es recíproca: los espíritus ayudan al chamán, y el chamán también tiene la responsabilidad de honrarlos y cuidarlos. Esto puede implicar realizar ofrendas regulares, participar en rituales específicos o simplemente mostrar gratitud a través de acciones que respeten la naturaleza y la vida en general. La reciprocidad fortalece el vínculo espiritual y asegura que la relación con los guías y animales de poder se mantenga equilibrada y beneficiosa para ambas partes.

Trabajar con animales de poder y guías espirituales no solo fortalece la práctica chamánica, sino que también conecta al chamán con el tejido de la vida y la naturaleza, recordándole que no está solo en su camino. Estos aliados espirituales sirven como recordatorio de la interconexión de todas las cosas y del poder transformador de la relación con el mundo espiritual. La práctica continuada y el fortalecimiento de estas relaciones permiten al chamán acceder a un conocimiento más profundo y a una capacidad de sanación que trasciende las limitaciones del mundo físico.

El trabajo con animales de poder y guías espirituales puede ser profundizado a través de ejercicios y prácticas que fortalecen la relación con estos aliados, haciendo que su influencia y asistencia en la vida del chamán sean más tangibles y accesibles. Para lograr una conexión profunda, es importante realizar actividades regulares que permitan mantener una comunicación fluida y fortalecer los lazos espirituales. A medida que la relación se profundiza, el chamán aprende a interpretar los mensajes y señales que estos seres transmiten, aplicando su sabiduría en los procesos de sanación y en la vida cotidiana.

Una de las maneras más efectivas de fortalecer la relación con los animales de poder y guías espirituales es a través de meditaciones específicas o viajes chamánicos guiados, en los que se busca interactuar conscientemente con estos seres. Durante estas prácticas, el chamán puede establecer un espacio sagrado y seguro, creando un entorno adecuado para invocar a sus aliados espirituales. Una vez en el estado de trance, se puede iniciar un diálogo interno con el animal de poder o el guía espiritual, haciéndole preguntas directas o solicitando su orientación en situaciones concretas. Esta comunicación puede ser visual, auditiva o sensorial, dependiendo de la naturaleza del vínculo que se haya desarrollado.

Otro ejercicio poderoso para fortalecer la conexión es el uso de símbolos, objetos o arte que representen al animal de poder o al guía espiritual. Por ejemplo, llevar un amuleto o una pieza de joyería que simbolice al animal de poder puede servir como un recordatorio constante de su presencia y protección. La creación de altares dedicados a estos seres también es una práctica común, donde se colocan objetos que los representen, como plumas, piedras o imágenes. Estos altares actúan como puntos de contacto espiritual, proporcionando un lugar para dejar ofrendas y agradecer la asistencia recibida. La práctica de ofrecer pequeños regalos, como flores, comida o incluso canciones, es un gesto de gratitud que refuerza el vínculo con los aliados espirituales.

La interpretación de señales y sueños es otra dimensión fundamental del trabajo con animales de poder y guías espirituales. Los mensajes de estos seres a menudo llegan a través de símbolos y eventos en la vida diaria que, a primera vista, pueden parecer coincidentes o casuales. Sin embargo, en la práctica chamánica, se reconoce que los espíritus utilizan estos medios para comunicarse con el mundo físico. Si un animal aparece repetidamente en la vida diaria, ya sea de manera física o en imágenes, es posible que esté tratando de transmitir un mensaje importante. El chamán debe estar atento a estas apariciones y meditar sobre su significado, considerando cómo las cualidades de ese animal o guía pueden aplicarse a la situación actual.

El trabajo con múltiples guías y animales de poder es también una parte avanzada de la práctica chamánica. Cada ser puede tener un papel específico, ofreciendo diferentes tipos de asistencia según las necesidades del chamán. Por ejemplo, un chamán puede recurrir a un animal de poder para la protección, mientras que otro puede ser invocado para obtener claridad y visión en un problema particular. Los guías espirituales pueden variar en su naturaleza y propósito, desde ancestros que proporcionan sabiduría heredada hasta seres de luz que ayudan en procesos de sanación energética profunda. Es importante que el chamán conozca a cada uno de sus aliados y entienda cuándo es el momento adecuado para trabajar con cada uno de ellos.

La integración de los mensajes y enseñanzas de los guías y animales de poder en la vida diaria es un aspecto esencial para que el trabajo chamánico sea significativo y transformador. No basta con recibir mensajes o asistencia durante el trance; el verdadero poder de la práctica reside en aplicar esa sabiduría a la vida cotidiana. Esto puede implicar cambios en la forma de pensar, nuevas acciones o incluso la adopción de hábitos que reflejen las cualidades del animal de poder. Por ejemplo, si un oso aparece como animal de poder, puede indicar la necesidad de introspección y descanso, sugiriendo que el chamán tome tiempo para retirarse y recargar energías. Por otro lado, si un halcón se presenta, podría ser una señal para actuar con rapidez y precisión en una situación que requiere decisión.

El trabajo con sueños es especialmente relevante en el chamanismo, ya que los sueños son considerados una extensión del mundo espiritual. Los animales de poder y guías espirituales pueden comunicarse con el chamán a través de sueños vívidos, enviando mensajes o mostrando situaciones que necesitan ser comprendidas o resueltas. Mantener un diario de sueños es una práctica útil para rastrear patrones y símbolos recurrentes que puedan estar vinculados con los guías espirituales. Al analizar estos sueños, el chamán puede obtener información valiosa sobre su desarrollo espiritual, la dirección de su vida o las necesidades de sanación de otras personas. También es posible que los sueños proporcionen prácticas específicas para realizar o mensajes sobre los próximos pasos a seguir.

Para aquellos que buscan fortalecer su conexión con sus aliados espirituales, la participación en ceremonias grupales puede ofrecer un entorno de apoyo y energía colectiva que facilita la comunicación con los animales de poder y guías. Las ceremonias de danza, canto o incluso ritos específicos dedicados a los guías espirituales crean una atmósfera sagrada en la que es más fácil acceder a los mensajes y energías espirituales. Durante estas ceremonias, los participantes a menudo experimentan una mayor claridad en sus visiones y una conexión más profunda con los seres espirituales, ya que la energía del grupo amplifica las experiencias individuales.

El respeto y la humildad son fundamentales en el trabajo con los animales de poder y guías espirituales. Estos seres no deben ser vistos simplemente como herramientas para alcanzar un fin; son aliados que poseen su propia conciencia y dignidad. Tratar a los guías y animales de poder con respeto implica reconocer su autonomía y su voluntad de asistir en los momentos adecuados. En algunos casos, un guía espiritual o un animal de poder puede "retirarse" o dejar de aparecer si siente que su lección ha sido aprendida o si el chamán no está mostrando la debida consideración por su presencia. La práctica chamánica, entonces, implica un equilibrio constante entre recibir la ayuda espiritual y ofrecer gratitud y reconocimiento.

El trabajo con animales de poder y guías espirituales es un viaje de descubrimiento continuo. La relación con estos aliados se desarrolla a lo largo de la vida, proporcionando nuevas lecciones y cambiando a medida que el chamán evoluciona. Esta conexión dinámica permite que el chamán se mantenga en constante crecimiento espiritual, adaptando su práctica a las circunstancias cambiantes y a las necesidades del momento. El apoyo de los guías y animales de poder no solo facilita la sanación de otros, sino también la evolución personal del chamán, ampliando su comprensión del mundo espiritual y profundizando su capacidad para actuar como mediador entre los mundos visible e invisible.

Al final, los animales de poder y los guías espirituales representan la interconexión entre todas las formas de vida y el universo. Trabajar con ellos refuerza la noción de que la sanación y la sabiduría no provienen únicamente de la mente humana, sino de una red más amplia de fuerzas espirituales que están siempre presentes y dispuestas a ayudar. La verdadera maestría en la práctica chamánica se alcanza cuando el chamán se convierte en un canal abierto para estas energías, dejando que fluyan a través de él para transformar tanto su vida como la de los demás.

Capítulo 5
Plantas Sagradas y Medicina de la Tierra

Las plantas sagradas han ocupado un lugar central en la práctica chamánica desde tiempos ancestrales, actuando como portales que conectan a los chamanes con dimensiones espirituales y facilitando la sanación tanto física como espiritual. Estas plantas, consideradas maestras y sanadoras, son vistas no solo como herramientas para inducir estados alterados de conciencia, sino también como seres con espíritu propio, capaces de transmitir sabiduría y curar desequilibrios energéticos. La relación entre el chamán y las plantas sagradas es profunda y respetuosa, basada en el reconocimiento de su poder y en la comprensión de su uso responsable.

El uso de plantas sagradas para inducir estados alterados de conciencia tiene una larga historia en muchas culturas chamánicas. En la Amazonía, por ejemplo, la ayahuasca es utilizada en ceremonias de curación y conexión espiritual. Esta bebida, preparada a partir de la combinación de varias plantas, actúa como un catalizador para acceder a dimensiones espirituales, donde el chamán o el participante puede recibir visiones, contactar con guías espirituales y liberar bloqueos emocionales. La experiencia con la ayahuasca no se limita a un efecto fisiológico, sino que se considera un viaje profundo que puede revelar aspectos ocultos de la psique y la energía del individuo.

En los Andes, el cactus de San Pedro ha sido empleado durante siglos por los curanderos para facilitar la sanación física y espiritual. Conocido por sus propiedades psicoactivas, el San Pedro se utiliza para entrar en estados de percepción ampliada, donde se busca curar dolencias físicas, aliviar el sufrimiento emocional y recibir mensajes de los espíritus. A menudo, las ceremonias con San Pedro se realizan en espacios naturales sagrados, donde la energía de la tierra y la conexión con la naturaleza potencian el efecto curativo de la planta. El uso de esta planta, al igual que el de otras sustancias sagradas, requiere preparación y un contexto ritual adecuado para asegurar una experiencia segura y significativa.

El peyote, utilizado tradicionalmente por los pueblos indígenas del norte de México y el suroeste de Estados Unidos, es otra planta sagrada con un papel destacado en la práctica chamánica. En las ceremonias con peyote, la planta se consume para inducir visiones y facilitar la comunicación con el mundo espiritual. Estas ceremonias son realizadas en un entorno ceremonial muy estricto, donde el canto, la música y el rezo son elementos fundamentales para guiar la experiencia y mantener la protección del espacio sagrado. El peyote se considera un maestro que enseña lecciones espirituales profundas, ayudando a quienes participan en la ceremonia a encontrar dirección, sanación y conexión con el universo.

Además de las plantas que inducen estados de trance, otras plantas sagradas se utilizan en el chamanismo por sus propiedades medicinales y su capacidad para equilibrar la energía del cuerpo. Las hierbas como la salvia, el romero y la ruda son comúnmente empleadas para la limpieza energética, ya que su humo purificador se utiliza para eliminar energías negativas del campo energético de una persona o de un lugar. Estas prácticas son conocidas como sahumerios o "limpias" y son rituales comunes en diversas tradiciones chamánicas. La salvia blanca, en particular, es venerada en las culturas indígenas norteamericanas por su capacidad para purificar y proteger, y su uso se lleva a cabo con gran respeto, agradeciendo siempre al espíritu de la planta por su asistencia.

El tabaco, aunque en la actualidad se asocia a menudo con el consumo recreativo, es en muchas tradiciones chamánicas una planta sagrada utilizada en rituales de sanación, protección y conexión espiritual. El tabaco se considera un puente entre el mundo físico y el mundo espiritual, y su uso ritual va mucho más allá de su ingestión; puede incluir la quema en ofrendas, el uso en ceremonias de soplo o su utilización como parte de amuletos protectores. En el chamanismo amazónico, el tabaco (en forma de rapé o mapacho) se utiliza para limpiar la energía de la persona y facilitar la conexión con los espíritus de la naturaleza. El uso del tabaco en el contexto ritual es siempre respetuoso y consciente, reconociendo su poder y su papel sagrado.

Cada planta sagrada tiene su propio espíritu y propósito, y el uso de estas plantas en la práctica chamánica no es arbitrario. El chamán debe conocer la naturaleza de cada planta, comprender su espíritu y saber cuándo y cómo emplearla en ceremonias de sanación. Este conocimiento no solo se transmite a través de la tradición oral, sino también mediante la relación personal que el chamán establece con las plantas a lo largo de los años. La práctica del "dieta", en la cual el chamán o aprendiz pasa un período en aislamiento consumiendo una planta específica, es un método común para aprender directamente del espíritu de la planta, fortaleciendo la conexión con su energía y sabiduría.

El respeto y la reciprocidad son principios fundamentales en el uso de plantas sagradas en el chamanismo. Antes de cosechar una planta, el chamán suele pedir permiso a su espíritu, realizando ofrendas y oraciones para honrar su sacrificio. El acto de cosechar se convierte así en un intercambio sagrado, donde la planta ofrece su energía y sabiduría a cambio del respeto y cuidado del chamán. Este enfoque promueve una relación sostenible y consciente con la naturaleza, reconociendo que todas las formas de vida están interconectadas y que cualquier acto de recolección o uso debe ser realizado con responsabilidad.

El uso de plantas sagradas no está exento de riesgos, y es por eso que su empleo en la práctica chamánica debe ser guiado por un chamán experimentado. Los efectos de estas plantas pueden ser intensos y, en algunos casos, confrontar al practicante con aspectos oscuros de su psique o energías difíciles de manejar. Un chamán capacitado sabe cómo preparar a los participantes para estas experiencias, cómo crear un entorno seguro y cómo manejar cualquier complicación que pueda surgir durante el ritual. Además, el chamán facilita el proceso de integración posterior, ayudando a los participantes a comprender y aplicar las enseñanzas recibidas durante la experiencia.

Las plantas sagradas son también vistas como agentes de sanación física, además de sus efectos espirituales. En muchas tradiciones chamánicas, se utilizan plantas específicas para tratar enfermedades físicas o mejorar la salud general del cuerpo. La fitoterapia, o el uso de remedios herbales, es un aspecto integral de la medicina chamánica, donde las plantas se seleccionan y preparan de acuerdo con sus propiedades curativas y las necesidades del paciente. Los chamanes pueden emplear infusiones, cataplasmas, baños de hierbas y otros métodos para aprovechar el poder curativo de la naturaleza, reconociendo que la sanación verdadera implica una armonización del cuerpo, la mente y el espíritu.

El chamanismo enseña que las plantas son seres vivos con una sabiduría inherente, capaces de comunicarse y ofrecer sus dones a quienes se acercan a ellas con el corazón abierto. La práctica chamánica invita a las personas a redescubrir su relación con la naturaleza, a escuchar los mensajes de las plantas y a respetar el equilibrio del mundo natural. Esta relación va más allá del uso práctico de las plantas; es una alianza espiritual que honra el poder sagrado de la tierra y reconoce a las plantas como compañeras en el camino de la sanación y el crecimiento personal.

El uso de plantas sagradas en la práctica chamánica va más allá de la mera administración de remedios o la inducción de estados alterados de conciencia. Involucra un enfoque holístico que integra rituales específicos, la preparación adecuada de las plantas y la creación de una conexión profunda y respetuosa con su energía. Para los chamanes, el uso de estas plantas no es solo una cuestión de conocimiento técnico, sino también de establecer una relación espiritual que honre el poder y la esencia de cada planta, reconociendo que cada una tiene un espíritu con el cual se debe trabajar en armonía.

Para aprovechar plenamente las propiedades curativas de las plantas sagradas, es fundamental seguir rituales específicos que guían su uso de manera segura y efectiva. Estos rituales comienzan con la recolección de la planta, un proceso que en sí mismo es sagrado. Antes de cosechar, el chamán o el practicante realiza una oración o una ofrenda para pedir permiso al espíritu de la planta y a los guardianes de la tierra. Este acto de respeto asegura que la planta se entregue de manera consciente y voluntaria, y refuerza la reciprocidad que es central en la práctica chamánica. Durante la cosecha, se evita dañar innecesariamente la planta o su entorno, ya que la integridad de la naturaleza es fundamental para el equilibrio energético.

Una vez recolectada, la planta puede ser preparada en diferentes formas, dependiendo de su propósito en la ceremonia de sanación. Puede ser utilizada fresca o seca, convertida en infusión, cataplasma, tintura o incluso quemada como incienso para liberar su energía en el entorno. En el chamanismo amazónico, por ejemplo, la ayahuasca se prepara mediante la cocción prolongada de varias plantas en un proceso que implica tanto la destreza técnica como la intención espiritual. Durante la preparación, se recitan cánticos o rezos para consagrar la planta y fortalecer su poder curativo. Esta intención y enfoque consciente durante la preparación aseguran que la energía de la planta sea potenciada y alineada con el propósito de la ceremonia.

El uso ritual de plantas sagradas para la limpieza energética es una práctica fundamental en muchas tradiciones chamánicas. Las limpias, o rituales de purificación, pueden realizarse mediante el uso de humo, baños de hierbas o ungüentos hechos a base de plantas. Estas prácticas ayudan a eliminar energías negativas o estancadas del cuerpo, la mente y el entorno. El sahumerio con plantas como la salvia, el copal o el palo santo es particularmente eficaz para despejar el espacio y crear un entorno sagrado en el que la sanación pueda tener lugar. Los baños de hierbas, por su parte, se preparan con infusiones de plantas específicas y se utilizan para bañar el cuerpo o lavar objetos con el fin de restaurar la vitalidad y la protección.

Los rituales específicos de curación con plantas sagradas no solo se limitan a la limpieza energética, sino que también incluyen ceremonias de sanación física y emocional. Por ejemplo, en algunas tradiciones indígenas de los Andes, se realizan ceremonias de "limpia con huevo", en las que un huevo de gallina se pasa por el cuerpo del paciente para absorber energías negativas, mientras el chamán reza y utiliza hierbas medicinales para potenciar el proceso. La combinación del poder simbólico del huevo con la energía curativa de las plantas crea una intervención chamánica que busca restaurar el equilibrio en todos los niveles.

La preparación de remedios herbales es una práctica fundamental de la medicina chamánica. La fitoterapia en este contexto no solo implica el conocimiento de las propiedades medicinales de las plantas, sino también la comprensión de cómo estas interactúan con la energía del paciente. Por ejemplo, una planta con propiedades calmantes no solo se usa para aliviar síntomas físicos como la ansiedad o el insomnio, sino también para trabajar con energías emocionales relacionadas con el estrés y la preocupación. El chamán elige las plantas no solo en función de sus características botánicas, sino también por su "energía" y su capacidad para armonizar el campo vibracional del paciente.

La creación de una conexión respetuosa con la energía de las plantas implica un compromiso continuo por parte del chamán o el practicante. Esto significa pasar tiempo en la naturaleza, aprendiendo de las plantas en su entorno natural, sintiendo su energía y escuchando sus mensajes. La práctica del "dieta" con plantas sagradas es un método común para fortalecer esta conexión. Durante un dieta, el chamán consume una planta específica en un entorno de aislamiento y meditación, permitiendo que la energía de la planta actúe sobre su cuerpo, mente y espíritu. Este proceso puede durar días, semanas o incluso meses, y se considera una forma directa de recibir enseñanzas espirituales de la planta.

Además, la conexión con las plantas no es simplemente un proceso individual, sino que también implica la interacción con la comunidad y la naturaleza. Los chamanes a menudo enseñan a sus aprendices y a los miembros de su comunidad sobre el uso de plantas locales, transmitiendo los conocimientos ancestrales que han sido preservados a lo largo de las generaciones. Este proceso educativo no solo asegura la continuidad del conocimiento chamánico, sino que también fortalece la relación de la comunidad con el entorno natural. La protección de las plantas sagradas y de los ecosistemas donde crecen es parte integral de la ética chamánica, ya que la salud de las plantas y la tierra refleja la salud de las personas.

El uso responsable de las plantas sagradas también implica ser consciente de los riesgos y las limitaciones. Aunque muchas plantas tienen propiedades curativas poderosas, su uso indebido o en exceso puede ser perjudicial. Un chamán experimentado entiende que algunas plantas son tóxicas en dosis elevadas o que pueden interactuar negativamente con ciertas condiciones de salud. Por esta razón, el conocimiento de la dosificación y la preparación correcta es crucial. El chamán actúa con precaución, observando la respuesta del paciente y ajustando el tratamiento según sea necesario. Además, se enfatiza la importancia de no depender exclusivamente de las plantas, sino de verlas como parte de un enfoque integral de sanación que incluye la mente, el cuerpo y el espíritu.

En algunas prácticas avanzadas, se combinan diferentes plantas para crear remedios personalizados que abordan varias dimensiones de la sanación. Por ejemplo, una preparación puede incluir plantas que trabajen en la limpieza del cuerpo físico, la apertura del corazón y el fortalecimiento del sistema inmunológico. La combinación de plantas se realiza con gran cuidado, asegurando que sus propiedades se complementen y que la energía resultante sea beneficiosa para el paciente. El uso de plantas en combinación también refleja la comprensión chamánica de que la sanación es un proceso complejo que involucra múltiples aspectos del ser.

El trabajo con plantas sagradas enseña que la medicina de la tierra no es simplemente un conjunto de técnicas, sino una forma de vivir en armonía con la naturaleza y respetar el equilibrio de todos los seres. Las plantas nos recuerdan que la sanación va más allá del alivio de los síntomas físicos y nos invita a explorar una relación profunda con la vida misma. En la práctica chamánica, la sanación con plantas es tanto un arte como una ciencia, un camino que combina el conocimiento técnico con la intuición espiritual, siempre guiado por el respeto y la gratitud hacia los espíritus de la naturaleza.

Capítulo 6
Ceremonias y Rituales de Curación

Las ceremonias y rituales chamánicos son prácticas esenciales que permiten canalizar energías espirituales para la sanación, la transformación personal y el mantenimiento del equilibrio en la comunidad. En el chamanismo, estos actos ceremoniales no solo tienen un propósito simbólico, sino que son considerados puertas de acceso a dimensiones espirituales donde se producen cambios profundos. Cada ceremonia está diseñada para conectar al participante con el mundo espiritual, armonizar energías y proporcionar sanación a diferentes niveles: físico, emocional, mental y espiritual.

Una característica central de las ceremonias chamánicas es el uso de herramientas y objetos sagrados que ayudan a establecer un espacio ceremonial y facilitan el flujo de energía espiritual. Entre estos objetos, el tambor es quizás el más emblemático. El sonido del tambor, con su ritmo constante y profundo, sirve como un "puente" que lleva al chamán y a los participantes a estados alterados de conciencia. El tambor es percibido no solo como un instrumento musical, sino como un ser con vida y espíritu, cuya vibración resonante puede abrir portales hacia el mundo espiritual y limpiar el espacio energético.

Otro elemento importante en las ceremonias chamánicas es el uso de maracas o sonajas, que generan un sonido agudo y rítmico. Al agitar las maracas, el chamán invoca espíritus, purifica el ambiente y rompe bloqueos energéticos. El sonido de las maracas complementa el tambor, creando un ambiente sonoro que sostiene el trance y guía la experiencia del participante. En muchas culturas, las maracas se decoran con símbolos o se llenan con materiales específicos (como semillas o piedras) que les confieren propiedades espirituales particulares.

Los altares son un componente fundamental de las ceremonias chamánicas, sirviendo como punto focal donde se colocan objetos sagrados, ofrendas y elementos que representan los diferentes aspectos de la naturaleza y el cosmos. En un altar chamánico, pueden encontrarse objetos como cristales, plantas, plumas, velas y figuras representativas de animales de poder o deidades. Estos elementos no son seleccionados al azar; cada uno tiene un propósito y una correspondencia energética que contribuye al equilibrio del espacio ceremonial. El altar actúa como un microcosmos que refleja el universo, y su disposición ayuda a canalizar la energía en la dirección correcta durante el ritual.

El papel del chamán en la ceremonia es de guía y mediador, responsable de dirigir el flujo de energía y mantener la conexión con el mundo espiritual. Durante los rituales, el chamán puede entrar en un estado de trance para contactar con espíritus guías o recibir visiones que le indiquen cómo proceder con la sanación. Utiliza cánticos, movimientos rítmicos y respiración controlada para mantenerse en sintonía con las energías presentes. A lo largo de la ceremonia, el chamán puede aplicar diversas técnicas de sanación, como la extracción de energías negativas, la imposición de manos o la canalización de energía curativa a través de su propio cuerpo.

Los rituales de sanación suelen tener varias etapas, cada una de las cuales cumple una función específica en el proceso. La primera etapa es la apertura del espacio sagrado, que se realiza mediante oraciones, cánticos y el encendido de inciensos o sahumerios para limpiar el ambiente. El chamán invoca a los espíritus protectores, los animales de poder y las fuerzas de la naturaleza para que asistan en el ritual. La creación de un círculo ceremonial es una práctica común que delimita el espacio sagrado, protegiendo a los participantes y concentrando la energía. Este círculo puede trazarse físicamente con piedras, ramas o polvo sagrado, o bien ser visualizado durante la apertura.

La siguiente etapa del ritual es la intervención curativa en sí misma, donde el chamán trabaja con el participante o grupo para abordar los aspectos específicos que requieren sanación. Puede tratarse de la extracción de energías negativas, el equilibrio de los chakras, la recuperación del alma o la limpieza del aura. Durante este proceso, el chamán utiliza sus herramientas sagradas, así como técnicas de respiración, canto o imposición de manos para dirigir la energía hacia donde sea necesario. La intervención a menudo implica la colaboración activa del participante, quien puede ser instruido para visualizar la sanación o recitar mantras que refuercen el proceso.

La etapa final de la ceremonia es el cierre del espacio sagrado, un paso crucial para completar el ciclo energético y devolver a los participantes al estado de conciencia ordinaria. El chamán agradece a los espíritus, animales de poder y elementos que han asistido en el ritual, cerrando el círculo ceremonial y "sellando" la energía trabajada. Esto es importante para evitar que las energías que se han movido durante la ceremonia queden dispersas o causen desequilibrios posteriores. El cierre puede incluir un canto final, la extinción de las velas o el regreso de los objetos sagrados al altar.

El uso de la palabra sagrada y los cánticos es otro elemento fundamental en las ceremonias de curación. Los cánticos chamánicos son una forma de invocar la energía sanadora, guiar el trance y mantener la conexión con el mundo espiritual. Cada tradición tiene sus propios cánticos sagrados, que pueden ser en lenguas ancestrales o en "lenguaje del espíritu", un idioma canalizado que no tiene una estructura gramatical común pero que se cree que es comprendido por las fuerzas espirituales. El canto tiene un efecto vibratorio que afecta tanto al cuerpo físico como al campo energético, facilitando la apertura de portales espirituales y la sanación.

Las ceremonias y rituales de curación no se limitan a sanar a individuos; también pueden tener un propósito colectivo o comunitario. En muchas culturas, las ceremonias se llevan a cabo para asegurar la prosperidad de la cosecha, atraer la lluvia, curar enfermedades epidémicas o restaurar la paz en tiempos de conflicto. El chamán, en estos casos, actúa como representante de la comunidad ante los espíritus, realizando ofrendas y rituales que buscan equilibrar las fuerzas de la naturaleza y la sociedad. Estas ceremonias colectivas refuerzan el tejido social y la conexión con la tierra, transmitiendo valores espirituales y culturales a las futuras generaciones.

Las herramientas utilizadas en los rituales no son consideradas simplemente objetos, sino seres sagrados que tienen su propio poder. El tambor, las maracas, los inciensos y los cristales son "alimentados" energéticamente mediante rituales de consagración, en los que el chamán les otorga un propósito específico. Durante la ceremonia, el chamán puede utilizar estos objetos para canalizar energía, proyectar intenciones o comunicar mensajes espirituales. El uso adecuado de las herramientas requiere un conocimiento profundo de sus propiedades y una relación personal con cada objeto, asegurando que la energía fluya de manera efectiva durante el ritual.

Las ceremonias de curación chamánica son, en última instancia, actos de transformación que buscan no solo sanar a los individuos, sino también restaurar el equilibrio en todos los niveles del ser. A través de estos rituales, el chamán y los participantes se conectan con el misterio sagrado de la vida, accediendo a un espacio donde las limitaciones del tiempo y el espacio se disuelven. La práctica ceremonial no es una simple intervención técnica, sino una experiencia viva y sagrada que nos invita a recordar nuestra naturaleza interconectada y a redescubrir el poder sanador del espíritu.

Las ceremonias y rituales chamánicos son prácticas que pueden ser adaptadas a diversas situaciones y necesidades, abarcando desde la sanación de traumas y enfermedades hasta la creación de espacios sagrados para la meditación y la transformación espiritual. Para que estas ceremonias sean efectivas, es esencial comprender no solo las técnicas y herramientas empleadas, sino también la intención y la energía que subyace en cada ritual. El chamán debe ser capaz de ajustar las prácticas según el contexto, las personas involucradas y el propósito específico de la ceremonia, asegurando siempre que el trabajo se realice con integridad y respeto hacia el mundo espiritual.

La creación de un espacio sagrado es uno de los primeros pasos en cualquier ceremonia chamánica y es fundamental para establecer un entorno seguro y propicio para la sanación. El espacio sagrado actúa como un contenedor de energía que protege a los participantes y facilita la conexión con el mundo espiritual. Para establecerlo, el chamán puede utilizar elementos como cristales, velas, inciensos o plantas sagradas para marcar los límites del espacio. La ubicación también es importante; los entornos naturales, como bosques, montañas o ríos, suelen ser elegidos por su energía intrínseca y su capacidad para amplificar el trabajo espiritual. En entornos urbanos, el chamán puede recrear la sensación de estar en la naturaleza mediante la disposición de elementos simbólicos que representen los cuatro elementos: tierra, agua, fuego y aire.

El proceso de "abrir" y "cerrar" el espacio sagrado no es meramente simbólico; tiene un propósito real en la práctica chamánica, ya que ayuda a gestionar las energías que se invocan durante la ceremonia. Al abrir el espacio, el chamán llama a los espíritus protectores y a los aliados espirituales para que asistan en el ritual. Esta invocación puede incluir oraciones, cánticos o movimientos específicos que dirigen la energía hacia el espacio ceremonial. Durante la ceremonia, el chamán mantiene una comunicación constante con los espíritus, ajustando el flujo de energía según sea necesario. Al finalizar, el chamán cierra el espacio, agradeciendo a los espíritus por su asistencia y devolviendo las energías al equilibrio. Este cierre asegura que las energías movilizadas durante el ritual no permanezcan activas ni interfieran con la vida diaria de los participantes.

En la conducción de prácticas rituales específicas para la sanación de traumas y enfermedades, el chamán puede emplear una variedad de técnicas que abordan diferentes aspectos del ser. Por ejemplo, para la sanación de un trauma emocional, el chamán puede realizar un ritual de "extracción", en el que utiliza técnicas de succión, imposición de manos o instrumentos especiales para retirar energías negativas o bloqueos del campo energético del paciente. Este proceso puede incluir el uso de plumas, cristales o piedras para "barrer" o "extraer" estas energías, dirigiéndolas hacia la tierra para que sean transformadas y neutralizadas.

Otro enfoque utilizado en la sanación de traumas es el ritual de "recuperación del alma", que se basa en la idea de que ciertos eventos traumáticos pueden causar la pérdida de fragmentos del alma, resultando en sentimientos de vacío, desconexión o tristeza profunda. Durante este ritual, el chamán viaja al mundo espiritual para localizar y traer de vuelta los fragmentos perdidos del alma, reintegrándolos en la persona afectada. Esta técnica no solo restaura la energía vital, sino que también ayuda a sanar las heridas emocionales subyacentes. La recuperación del alma es un proceso que puede implicar varias ceremonias, ya que la integración de estos fragmentos requiere tiempo y apoyo continuo.

Para la sanación de enfermedades físicas, el chamán puede combinar prácticas energéticas con el uso de plantas medicinales. Un ritual de curación física puede comenzar con una limpieza energética, utilizando sahumerios o baños de hierbas para purificar el cuerpo del paciente. A continuación, se aplican tratamientos específicos, como cataplasmas de plantas, infusiones o ungüentos preparados con remedios herbales. Durante este proceso, el chamán invoca el espíritu de las plantas para que guíen la sanación, considerando que la energía de la planta interactúa directamente con el cuerpo energético y físico del paciente. Además, el chamán puede dirigir la energía curativa mediante la imposición de manos, el canto o el uso de instrumentos como el tambor para acelerar el proceso de sanación.

La adaptación de los rituales para diferentes contextos y necesidades es un aspecto crucial en la práctica chamánica. El chamán debe ser flexible y creativo para modificar las ceremonias según las circunstancias, siempre manteniendo la esencia y la intención del ritual. Por ejemplo, en un entorno urbano, puede ser necesario realizar ceremonias en espacios cerrados, lo que implica una mayor dependencia de objetos simbólicos para representar los elementos naturales. En contextos de sanación colectiva, donde participan varias personas, el chamán puede diseñar rituales que incluyan actividades grupales, como danzas o cánticos compartidos, que no solo fomentan la sanación individual, sino también el fortalecimiento de la comunidad.

La participación activa de los participantes es un factor que puede variar según el tipo de ceremonia. En algunos rituales, como los de sanación profunda, el paciente puede ser instruido para permanecer en un estado de meditación o introspección, mientras que el chamán realiza el trabajo energético. En otros, se invita a los participantes a tomar un papel más activo, cantando, danzando o visualizando junto con el chamán para potenciar la energía del ritual. La colaboración activa de los participantes no solo aumenta la efectividad del trabajo, sino que también les proporciona una experiencia transformadora en la que se sienten parte integral del proceso de sanación.

Los rituales chamánicos no solo tienen un impacto en el cuerpo y la mente, sino que también abordan las dimensiones energéticas y espirituales del ser. Las prácticas de sanación chamánica se basan en la premisa de que los problemas de salud no son puramente físicos, sino que a menudo están relacionados con desequilibrios energéticos o conflictos espirituales. Por esta razón, los rituales buscan restaurar la armonía a nivel multidimensional. La inclusión de elementos simbólicos en los rituales, como el uso de altares, ofrendas o cánticos específicos, actúa para alinear las energías del participante con las fuerzas espirituales invocadas, creando un canal para la sanación integral.

La importancia de adaptar los rituales también se extiende a los aspectos culturales y personales. El chamán debe ser consciente de las creencias, el trasfondo cultural y las necesidades individuales de cada persona. Algunas prácticas pueden ser ajustadas para respetar las sensibilidades culturales o las preferencias personales, sin perder su propósito esencial. Este enfoque inclusivo y respetuoso ayuda a que las ceremonias sean más efectivas y significativas, permitiendo que la sanación llegue de manera más profunda y personalizada. En contextos modernos, el chamanismo tiene la flexibilidad para fusionarse con otras prácticas espirituales o terapéuticas, ampliando su alcance y adaptándose a nuevas realidades sin perder su esencia ancestral.

La clave para realizar ceremonias efectivas es la preparación y la intención clara. Antes de una ceremonia, el chamán dedica tiempo a meditar y a conectar con los espíritus que guiarán el ritual, afinando su intención y preparándose para cualquier eventualidad. La preparación incluye no solo el acondicionamiento del espacio y la selección de las herramientas rituales, sino también la creación de un estado mental y energético adecuado para conducir la energía de manera eficaz. Este enfoque garantiza que el ritual se realice de manera consciente y alineada con el propósito de sanación.

Al final, las ceremonias y rituales chamánicos son expresiones vivas de una espiritualidad que busca el equilibrio y la armonía en todas las cosas. A través de estos actos sagrados, el chamán y los participantes no solo sanan, sino que también se reconectan con su propia naturaleza esencial y con el espíritu del universo. El verdadero poder de las ceremonias chamánicas radica en su capacidad para transformar, no solo la condición física de una persona, sino también su relación con la vida, el entorno y los demás, restableciendo el equilibrio entre el cuerpo, la mente, el espíritu y la tierra.

Capítulo 7
Canto y Música Chamánica

La música y el canto han sido utilizados como herramientas poderosas en la práctica chamánica desde tiempos ancestrales. En el contexto chamánico, el sonido no es solo un medio para producir melodía o ritmo, sino un vehículo espiritual que tiene el poder de inducir estados alterados de conciencia, facilitar la sanación y conectar al chamán y a los participantes con el mundo espiritual. Los cánticos y la música actúan como puentes que trascienden la realidad física, abriendo portales hacia dimensiones espirituales donde la sanación y la transformación pueden ocurrir a niveles profundos.

El uso del canto en la práctica chamánica se manifiesta de diferentes formas y cumple diversas funciones según la intención del ritual. Un aspecto central del canto chamánico es su capacidad para inducir el trance. Mediante el uso de repeticiones rítmicas, sonidos vocálicos prolongados o "lenguaje del espíritu", el chamán puede alterar su estado de conciencia o el de los participantes, llevándolos a un estado meditativo profundo. En este estado, la mente racional cede espacio a la percepción intuitiva, lo que facilita la comunicación con guías espirituales, animales de poder y otras energías no visibles.

Los cánticos chamánicos también tienen un papel fundamental en la sanación. Cada sonido o conjunto de sonidos tiene una vibración específica que puede afectar tanto al cuerpo físico como al campo energético de una persona. En muchas tradiciones, se cree que ciertas palabras, tonos o melodías tienen el poder de "resonar" con partes específicas del cuerpo o del alma, desbloqueando energías estancadas y restaurando el equilibrio. Por ejemplo, un canto que imita el sonido de una cascada puede ser utilizado para limpiar y purificar el aura de un paciente, mientras que un tono grave y profundo puede ser empleado para conectar con la energía de la tierra y proporcionar estabilidad y protección.

La improvisación es una característica común en el canto chamánico. En lugar de seguir una estructura musical fija, el chamán adapta los sonidos según lo que percibe en el momento, guiado por la energía presente en el ritual y por la respuesta de los espíritus o del paciente. Esta flexibilidad permite que el canto sea una expresión viva y dinámica, capaz de ajustarse a las necesidades de la sanación. El chamán puede "canalizar" el canto, dejándose llevar por el flujo de energía y permitiendo que su voz exprese los sonidos o palabras que surgen espontáneamente. Este tipo de canto, conocido como "lenguaje del espíritu", es visto como una forma de comunicación directa con los reinos espirituales y se considera un don que debe ser cultivado y respetado.

Los tambores son los instrumentos más representativos en la música chamánica y son utilizados no solo como acompañamiento, sino como un medio central para facilitar el trance. El ritmo constante y repetitivo del tambor actúa sobre las ondas cerebrales, sincronizándolas con frecuencias que corresponden a estados meditativos profundos. Este proceso, conocido como "arrastre de ondas cerebrales", permite al chamán y a los participantes acceder más fácilmente a estados alterados de conciencia, donde pueden experimentar visiones o recibir mensajes espirituales. El tambor también tiene un papel importante en la sanación física, ya que su vibración puede ser dirigida hacia áreas específicas del cuerpo para romper bloqueos energéticos o aliviar el dolor.

Además del tambor, otros instrumentos tradicionales son utilizados en la música chamánica para complementar el trabajo de sanación y profundizar la conexión con el mundo espiritual. Las maracas o sonajas son instrumentos que producen un sonido agudo y rítmico, utilizado para purificar el espacio energético y guiar al chamán en sus viajes espirituales. El sonido de las maracas se cree que tiene el poder de alejar energías negativas y de "despertar" a los espíritus, preparándolos para la comunicación. En algunas tradiciones, se utilizan también flautas, cuencos de cristal o instrumentos de viento para invocar energías específicas o para trabajar con ciertos elementos, como el aire o el agua.

El canto y la música chamánica no solo son practicados por el chamán; en muchas ceremonias, los participantes también son invitados a cantar, tocar instrumentos o simplemente dejar que sus cuerpos sigan el ritmo. Esta participación activa tiene un efecto profundo en la experiencia del ritual, ya que involucra a los participantes no solo como receptores de la sanación, sino como co-creadores del espacio sagrado. Al unirse en el canto o en la música, los participantes amplifican la energía colectiva, creando un campo vibratorio que facilita la sanación y la conexión espiritual para todos los presentes.

Las letras de los cánticos chamánicos pueden ser tanto tradicionales como improvisadas, y a menudo incluyen referencias a la naturaleza, a los espíritus o a los elementos. Los cantos tradicionales son transmitidos de generación en generación y forman parte del conocimiento ancestral de cada cultura. Estos cánticos tienen un significado y una historia específicos, y su poder radica en el hecho de que han sido repetidos durante siglos, acumulando así una carga energética especial. Por otro lado, los cantos improvisados permiten una expresión personal y adaptada a la situación del momento, lo que los convierte en una herramienta versátil para el chamán.

La preparación para el canto y la música chamánica no es solo una cuestión de técnica, sino también de estado mental y espiritual. Antes de participar en una ceremonia, el chamán puede realizar prácticas de purificación, como el ayuno, la meditación o la abstención de ciertos alimentos, para afinar su energía y abrirse a la inspiración espiritual. Esta preparación asegura que el canto no sea simplemente un acto físico, sino una expresión auténtica de la conexión del chamán con el mundo espiritual. La intención detrás del canto es tan importante como el sonido en sí; por lo tanto, el chamán se enfoca en alinear su mente y corazón con el propósito del ritual.

El uso de la música y el canto chamánico no se limita a los rituales formales; también puede integrarse en la vida cotidiana para mantener la conexión con lo sagrado y promover el bienestar personal. Cantar mientras se camina por la naturaleza, utilizar cánticos para empezar el día o tocar el tambor como parte de una práctica meditativa son maneras de incorporar la vibración sanadora de la música chamánica en la rutina diaria. Estas prácticas fortalecen la relación con los guías espirituales y la naturaleza, recordando al practicante que la espiritualidad no es algo separado de la vida diaria, sino que se entrelaza con cada acción y pensamiento.

La música chamánica es una expresión de la interconexión de todas las cosas; a través de ella, se reconoce que cada ser vivo y cada objeto tiene una vibración y que todas las vibraciones están en constante interacción. Cuando el chamán canta o toca un instrumento, no lo hace en un vacío; su sonido resuena en el mundo físico y espiritual, afectando a todos los que lo escuchan. De esta manera, la música se convierte en una herramienta de transformación que no solo modifica la conciencia del individuo, sino que también puede influir en el entorno y en la comunidad.

El canto y la música en la práctica chamánica son mucho más que formas de entretenimiento o acompañamiento; son manifestaciones vivas del poder sanador del sonido, del ritmo y de la intención. Utilizados con sabiduría y respeto, se convierten en vehículos para acceder a dimensiones más allá de lo visible, restaurar el equilibrio y despertar el espíritu. La música chamánica es, en esencia, un recordatorio de nuestra capacidad inherente para resonar con el universo, sanarnos a nosotros mismos y transformar nuestra realidad.

El uso del canto y la música chamánica puede ser ampliado y profundizado mediante técnicas específicas que permiten personalizar los cánticos y utilizar la música de manera más intencional en los procesos de sanación y crecimiento espiritual. La creación de cánticos personalizados, la combinación de música con otros elementos rituales y la utilización de la música para guiar viajes espirituales son aspectos avanzados de la práctica que requieren un enfoque consciente y una comprensión profunda de la energía sonora.

La creación de cánticos personalizados es una habilidad valiosa en la práctica chamánica, ya que permite al chamán adaptar la música a las necesidades específicas del momento o del paciente. Para crear un canto personalizado, el chamán puede inspirarse en elementos naturales, como el sonido del viento, el flujo del agua o el llamado de un animal de poder, integrando estas referencias en el canto para conectar con la energía correspondiente. La improvisación juega un papel importante en este proceso, ya que permite al chamán fluir con la energía presente, canalizando sonidos y palabras que surgen espontáneamente en el contexto del ritual. La autenticidad del canto, alineada con la intención de sanación, amplifica su poder y lo convierte en una herramienta eficaz para la transformación.

El uso de la voz en la música chamánica va más allá del simple canto; incluye la capacidad de modular el tono, el volumen y la intensidad para afectar diferentes niveles del ser. Por ejemplo, un tono bajo y profundo puede utilizarse para trabajar con energías densas o para conectar con la tierra, mientras que tonos más agudos y ligeros pueden ayudar a elevar la vibración y conectar con el mundo superior. La variación en la intensidad del canto también puede ser empleada para crear una dinámica energética en el ritual, comenzando con sonidos suaves que aumentan en volumen e intensidad a medida que el proceso de sanación avanza, generando una "cumbre" de energía que es seguida por un descenso suave hacia el cierre del ritual.

La combinación de música con otros elementos rituales es una técnica avanzada que potencia la experiencia del ritual al involucrar múltiples sentidos y dimensiones energéticas. Los tambores y cánticos pueden ser acompañados por danzas, sahumerios o la visualización guiada, creando una experiencia multisensorial que profundiza el estado de trance y la conexión con el mundo espiritual. La coordinación entre la música y otros elementos rituales permite dirigir la energía de manera más precisa; por ejemplo, el ritmo del tambor puede sincronizarse con los movimientos de una danza ritual, generando un flujo armónico que facilita la entrada en estados de conciencia expandida. Del mismo modo, los cánticos pueden combinarse con el uso de plantas sagradas para amplificar los efectos de la sanación.

El uso de la música chamánica para guiar viajes espirituales es una práctica que requiere una sintonización precisa con la energía del participante. Durante un viaje chamánico, el chamán puede usar el tambor o el canto para marcar el ritmo del "viaje", proporcionando un sonido constante que actúa como un ancla en el mundo espiritual. Este ancla ayuda a los participantes a moverse a través de diferentes "paisajes" espirituales, regresando al sonido del tambor o al cántico como un punto de referencia. El tambor no solo facilita la entrada en el trance, sino que también puede guiar la dirección del viaje, variando su ritmo o su intensidad para "llevar" al practicante hacia diferentes dimensiones o niveles de conciencia.

Además del tambor, otros instrumentos pueden ser utilizados para enriquecer el viaje chamánico, cada uno con un propósito específico. Los cuencos de cristal o de metal, con sus sonidos resonantes y continuos, pueden ser empleados para abrir la percepción y facilitar la conexión con guías espirituales o seres de luz. Las flautas, con su melodía evocadora, pueden ayudar a invocar la energía de los elementos o a establecer un vínculo con el entorno natural, como un bosque o una montaña sagrada. La selección del instrumento adecuado para cada situación depende de la intuición del chamán y de la energía del momento, así como de la intención del ritual.

La música chamánica también puede ser utilizada para tratar problemas específicos de salud física y mental. La vibración del sonido actúa sobre el cuerpo físico y energético, afectando los órganos, las células y el campo áurico. Para problemas físicos, como dolores crónicos o inflamaciones, se pueden emplear tambores para generar vibraciones profundas que "masajeen" las áreas afectadas. En el caso de problemas emocionales, como ansiedad o depresión, los cánticos suaves y los sonidos armónicos pueden proporcionar una sensación de consuelo, ayudando a equilibrar las emociones y a calmar la mente. La música se convierte así en una herramienta complementaria que apoya el trabajo de sanación realizado por otras prácticas chamánicas.

La integración de la música y el canto en la práctica diaria es un enfoque que puede contribuir al mantenimiento de la salud y la conexión espiritual. Realizar cánticos o tocar el tambor como parte de un ritual matutino o vespertino puede ayudar a centrar la mente, equilibrar la energía y preparar al individuo para los desafíos del día. Además, la música chamánica puede ser utilizada como una forma de meditación activa, en la que el practicante se enfoca en el sonido y permite que la vibración del canto o del tambor lo lleve a un estado de quietud interior. Esta práctica fortalece la relación con los guías espirituales y con la naturaleza, y puede actuar como un medio para la auto-sanación continua.

En los contextos modernos, la música chamánica ha encontrado nuevas formas de expresión y adaptación. Los chamanes y practicantes pueden integrar instrumentos y estilos musicales contemporáneos, como guitarras o sintetizadores, en sus rituales, siempre que la intención y el propósito permanezcan alineados con los principios chamánicos. Esta integración de lo antiguo y lo moderno refleja la naturaleza dinámica del chamanismo, que se adapta a las circunstancias cambiantes sin perder su esencia. Sin embargo, es importante que esta fusión sea realizada con respeto y consciencia, asegurando que los instrumentos o estilos modernos sean utilizados de manera que complementen y enriquezcan la práctica, en lugar de diluir su profundidad.

El canto y la música chamánica también tienen un componente de conexión comunitaria. En ceremonias grupales, la participación en el canto o la música crea un sentimiento de unidad y fortalece el tejido social. Todos los participantes contribuyen a la energía del ritual, creando un campo vibratorio que afecta a cada persona de manera individual y colectiva. La música compartida durante estas ceremonias tiene el poder de trascender las barreras personales y culturales, actuando como un lenguaje universal que une a las personas a un nivel espiritual profundo. La capacidad del canto y la música para unir a la comunidad es una expresión de la antigua sabiduría chamánica que reconoce la interconexión de todos los seres.

El verdadero poder de la música y el canto chamánico radica en su capacidad para transformar. No se trata solo de producir sonidos agradables, sino de usar la vibración para mover energías, despertar el espíritu y cambiar estados de conciencia. Utilizados de manera consciente y con un enfoque alineado, se convierten en herramientas capaces de influir en la realidad interna y externa, facilitando la sanación profunda y el crecimiento espiritual. La práctica chamánica enseña que, a través del sonido, podemos recordar nuestra esencia divina y nuestra conexión con el universo, redescubriendo el poder sanador que reside en la vibración y en el ritmo de la vida misma.

Capítulo 8
Limpieza Energética y Protección Espiritual

La limpieza energética y la protección espiritual son prácticas fundamentales en el chamanismo, ya que abordan el mantenimiento del equilibrio energético y la prevención de influencias negativas que pueden afectar la salud física, mental y espiritual. En la cosmovisión chamánica, la energía es vista como una fuerza vital que fluye a través de todas las cosas y puede ser alterada por diversas causas, como emociones negativas, traumas, ambientes cargados o incluso ataques energéticos. Por esta razón, los chamanes han desarrollado una variedad de técnicas para eliminar energías no deseadas, restaurar el flujo natural y proteger a las personas de influencias nocivas.

Uno de los métodos más comunes para la limpieza energética es el sahumerio, que consiste en la quema de plantas sagradas para generar humo que purifica el entorno y el campo energético de las personas. Plantas como la salvia, el copal, el palo santo, el cedro y el romero son utilizadas en distintas tradiciones para este propósito, debido a sus propiedades limpiadoras y protectoras. El humo actúa como un agente purificador que "barre" las energías negativas, devolviendo la armonía al espacio. Durante el sahumerio, el chamán puede acompañar el proceso con cánticos o rezos, pidiendo la ayuda de los espíritus de la planta y de los guías espirituales para intensificar el efecto.

Los baños de hierbas son otra práctica chamánica para la limpieza energética, en la que se utilizan infusiones o decocciones de plantas medicinales para bañar el cuerpo. Estos baños se preparan con plantas específicas seleccionadas por sus propiedades curativas, como la ruda, el eucalipto, la lavanda o el albahaca. El propósito de un baño de hierbas es limpiar el aura y eliminar las energías densas que puedan haberse acumulado en el cuerpo. A menudo, se recomienda realizar el baño en un entorno natural, como un río o un lago, para potenciar el efecto limpiador con la energía del agua, que es considerada un agente purificador por excelencia.

La visualización es una técnica utilizada por los chamanes para complementar los métodos físicos de limpieza energética. A través de la visualización, el chamán o el practicante imagina un flujo de luz, fuego o agua que recorre el cuerpo y el campo energético, eliminando las impurezas. La visualización puede combinarse con la respiración consciente, en la que se inhala energía purificadora y se exhala cualquier negatividad o bloqueo. Esta técnica no solo limpia el cuerpo energético, sino que también fortalece la capacidad del practicante para concentrarse y dirigir su propia energía.

El uso de cristales y otros objetos sagrados es otra herramienta importante para la protección espiritual en el chamanismo. Los cristales, en particular, son valorados por su capacidad para absorber, transmutar y amplificar la energía. Por ejemplo, la amatista se utiliza para limpiar energías negativas y promover la paz interior, mientras que el cuarzo transparente es empleado para amplificar la energía curativa. Los cristales pueden ser colocados en el entorno, llevados como amuletos o usados en la disposición de un altar durante una ceremonia de sanación. En algunos casos, se combinan varios cristales para crear una red protectora que estabiliza la energía del espacio o de la persona.

Los amuletos y talismanes también son comúnmente usados en el chamanismo para proporcionar protección. Estos objetos, que pueden ser piedras, conchas, plumas o figuras talladas, son consagrados mediante rituales específicos en los que se les imbuye con intenciones de protección y sanación. El chamán realiza ofrendas y cánticos para invocar a los espíritus protectores y pedir que la energía del objeto sea activada. Los amuletos se llevan puestos o se colocan en lugares específicos para actuar como "guardianes" que repelen energías no deseadas y mantienen la integridad del campo energético.

Una práctica poderosa en la protección espiritual es la creación de un círculo de protección, una técnica utilizada antes de ceremonias, rituales o trabajos de sanación. El círculo de protección es un espacio sagrado donde el chamán traza un límite energético, ya sea físicamente (con piedras, sal, plantas sagradas) o mediante la visualización. Este círculo actúa como una barrera que impide la entrada de influencias negativas y mantiene la energía del trabajo concentrada. Al finalizar el trabajo, el chamán cierra el círculo, devolviendo las energías al equilibrio natural y agradeciendo a los espíritus protectores.

Las limpiezas energéticas también pueden implicar la extracción de energías negativas o entidades que se han adherido al campo energético de una persona. En la práctica chamánica, esto se conoce como "extracción". El chamán detecta las áreas donde se encuentran las energías no deseadas, que pueden manifestarse como sensaciones de frío, calor, pesadez o dolor. Utilizando técnicas de succión, movimientos de mano, plumas o incluso el uso de la voz, el chamán extrae la energía negativa y la transfiere a la tierra para ser transmutada. Esta práctica puede requerir varias sesiones y es complementada con rituales de fortalecimiento del campo energético para prevenir la reaparición de las energías extraídas.

El fortalecimiento del campo energético es una parte importante de la protección espiritual, ya que un aura fuerte y equilibrada es menos susceptible a las influencias negativas. Para fortalecer el campo energético, el chamán puede utilizar prácticas de meditación, ejercicios de respiración, la imposición de manos o el uso de plantas sagradas. La intención es llenar el aura con energía vital y repararla en las áreas donde haya fracturas o debilidades. También se pueden realizar "sellos energéticos" mediante cánticos o visualizaciones para reforzar el campo y evitar que la energía se disperse.

La limpieza energética no es solo una práctica reactiva para eliminar energías negativas, sino también una medida preventiva para mantener el equilibrio y la armonía. Se recomienda realizar limpiezas regulares, especialmente después de haber estado en lugares concurridos o tras experiencias emocionalmente intensas. Esta práctica contribuye al bienestar general, ya que la energía negativa acumulada puede afectar el estado emocional, mental y físico de una persona. Al incorporar la limpieza energética en la vida cotidiana, se puede promover un flujo constante de energía positiva y mantener una conexión saludable con el mundo espiritual.

El papel del chamán en las prácticas de limpieza y protección no es solo el de un ejecutor de técnicas, sino el de un mediador entre el mundo físico y el espiritual. Actúa como un canal a través del cual las fuerzas sanadoras y protectoras fluyen, utilizando su conocimiento y sus habilidades para guiar la energía y restaurar el equilibrio. La efectividad de estas prácticas depende de la intención, la preparación y la conexión que el chamán tenga con los espíritus y los elementos. Al emplear estas técnicas con respeto y consciencia, se logra una sanación profunda que abarca todos los niveles del ser.

Las prácticas de limpieza energética y protección espiritual en el chamanismo nos enseñan que la salud no es simplemente la ausencia de enfermedad, sino un estado de equilibrio dinámico donde el flujo de energía vital se mantiene libre y armonioso. A través de estas técnicas, el chamán ayuda a las personas a reconectar con su esencia, a liberar lo que no les sirve y a protegerse de influencias externas, permitiendo que su energía se fortalezca y se eleve. Estas prácticas son, en última instancia, un recordatorio del poder transformador de la intención y de la importancia de vivir en sintonía con el mundo espiritual y con la naturaleza.

En la práctica chamánica, la limpieza energética y la protección espiritual no solo se aplican en situaciones cotidianas, sino también en casos más complejos y específicos que involucran energías densas, entidades negativas o ataques energéticos directos. La capacidad del chamán para manejar estas situaciones más avanzadas es crucial, ya que permite restaurar el equilibrio en casos de mayor gravedad y prevenir el daño a largo plazo. Para ello, el chamán utiliza técnicas especializadas y más potentes, combinando métodos tradicionales con enfoques intuitivos adaptados a las circunstancias particulares.

El manejo de entidades negativas es una práctica avanzada en el chamanismo, que requiere una comprensión profunda de la naturaleza de las energías espirituales y cómo interactúan con el campo energético humano. Las entidades negativas pueden ser energías no humanas, espíritus perturbados o incluso formas de pensamiento denso que se adhieren al campo áurico de una persona, provocando desequilibrios físicos, emocionales o mentales. El chamán utiliza una variedad de técnicas para identificar la presencia de estas entidades, como la percepción sensorial, la visualización o la comunicación con los guías espirituales. Una vez localizada la entidad, se procede con un ritual de "desalojo" o "expulsión", que puede incluir cánticos específicos, el uso de tambores y la dirección de energía luminosa hacia la entidad para forzar su retirada.

Para desalojar entidades, el chamán también puede invocar la asistencia de animales de poder o guías espirituales que actúan como protectores y facilitadores en el proceso de limpieza. Estos aliados ayudan a contener la entidad y a dirigirla hacia un lugar donde pueda ser transmutada o liberada sin causar más daño. Después de la extracción, es crucial sellar el campo energético del paciente y llenar el espacio vacío con energía curativa, evitando que la entidad vuelva a adherirse o que surjan nuevas influencias negativas.

En algunos casos, los ataques energéticos provienen de fuentes externas, como personas con intenciones maliciosas o ambientes altamente cargados. Para enfrentar estos ataques, el chamán puede enseñar técnicas de protección personal, como la creación de "escudos energéticos". Estos escudos son visualizados como barreras de luz o energía que rodean el cuerpo, bloqueando la entrada de energías perjudiciales. La visualización de un escudo dorado o blanco es común, ya que estos colores se asocian con la pureza y la protección divina. Además, el uso de piedras protectoras, como la obsidiana, el ónix o la turmalina negra, puede reforzar el escudo energético, absorbiendo las energías negativas antes de que lleguen al campo áurico.

Los rituales de protección preventiva son esenciales para aquellos que frecuentemente se encuentran en situaciones de alta demanda energética o que trabajan en sanación. Estos rituales pueden incluir la consagración de objetos de protección, como amuletos o talismanes, que se llevan puestos o se colocan en lugares estratégicos para repeler energías densas. La práctica de "ungir" objetos con aceites sagrados o la recitación de cánticos protectores también es común para imbuirlos con una vibración protectora. En situaciones de alta vulnerabilidad, el chamán puede recomendar un ritual de protección diaria, que implica una breve limpieza y la visualización de un escudo energético cada mañana y cada noche.

El fortalecimiento de la propia energía es una de las medidas más efectivas para prevenir influencias externas negativas. Para ello, el chamán puede utilizar técnicas que aumentan la vitalidad y el flujo energético, como ejercicios de respiración, meditaciones con plantas sagradas o prácticas físicas que trabajan directamente con el campo energético, como el Qi Gong o el Tai Chi. Al aumentar la propia vibración y mantener el aura fuerte, se reduce la susceptibilidad a las influencias negativas y se fomenta un estado de equilibrio constante. Esta práctica se complementa con una dieta adecuada, el uso de remedios herbales y un estilo de vida que promueva el bienestar integral.

En casos de ambientes altamente cargados o con historia de traumas, la limpieza energética del espacio es tan importante como la del cuerpo. El chamán puede realizar un ritual de limpieza del lugar, utilizando sahumerios, cánticos, tambores y agua bendita o consagrada para eliminar las energías residuales. La disposición de cristales en puntos estratégicos del espacio, así como la creación de un altar con objetos sagrados, ayuda a estabilizar la energía del entorno y a crear un lugar de refugio espiritual. El uso de símbolos protectores, como el círculo o la espiral, puede ser trazado en las paredes o puertas para sellar el espacio, evitando la entrada de energías no deseadas.

Las técnicas avanzadas de limpieza también incluyen el trabajo con el "doble etérico", un concepto en el chamanismo que se refiere a la contrapartida energética del cuerpo físico. Los bloqueos en el doble etérico pueden afectar la salud y el bienestar de una persona, manifestándose en dolores crónicos, fatiga o problemas emocionales. Para liberar estos bloqueos, el chamán puede utilizar la imposición de manos, cánticos específicos o instrumentos vibratorios que resuenen con la frecuencia del cuerpo etérico. Esta sanación profunda actúa tanto en el nivel físico como en el energético, restableciendo el flujo de la energía vital.

La utilización de técnicas de transmutación de energía es otra práctica avanzada en la protección espiritual. En lugar de simplemente expulsar o alejar las energías negativas, la transmutación implica transformar la energía densa en una forma más elevada y positiva. Para ello, el chamán dirige la energía negativa hacia un "fuego sagrado" o una fuente luminosa en la visualización, donde es quemada y convertida en luz. Este enfoque no solo elimina la influencia negativa, sino que también la transforma en algo beneficioso, cerrando el ciclo energético de una manera que no deja residuos o efectos colaterales.

El uso de plantas sagradas es también una parte crucial del trabajo avanzado de protección y limpieza. Algunas plantas tienen propiedades específicas que las hacen especialmente efectivas en situaciones de alto riesgo energético. Por ejemplo, la ruda y el ajenjo son conocidos por su capacidad para proteger contra hechizos o maleficios, mientras que el tabaco se utiliza para limpiar energías pesadas y sellar el campo energético. Los chamanes preparan infusiones, ungüentos o sahumerios con estas plantas para usarlos en rituales específicos, o instruyen a los pacientes para que los utilicen como parte de su rutina de protección diaria.

Finalmente, la integración de prácticas de limpieza energética y protección en la vida cotidiana es esencial para mantener un estado de equilibrio continuo. Estas prácticas no solo se realizan cuando hay un problema, sino que forman parte de un estilo de vida que fomenta la armonía con el entorno y la conexión constante con la fuente espiritual. El chamán, como guardián de estas prácticas, no solo las aplica en su trabajo, sino que también las enseña a los demás, empoderándolos para que mantengan su propia energía limpia y protegida.

En la tradición chamánica, la limpieza energética y la protección espiritual son vistas como una forma de medicina preventiva y sanación profunda. Al aprender a trabajar con la energía y a proteger el campo áurico, se promueve un estado de salud integral que abarca no solo el cuerpo, sino también la mente, el espíritu y el entorno. Estas prácticas avanzadas demuestran que la sanación es un proceso continuo, donde la atención constante a la energía y el respeto por las fuerzas espirituales son clave para vivir en equilibrio y plenitud.

Capítulo 9
La Sanación de Heridas Emocionales

En la práctica chamánica, la sanación de heridas emocionales ocupa un lugar central, ya que las emociones no resueltas y los traumas del pasado pueden afectar profundamente el bienestar integral de una persona. Se considera que las emociones no son simplemente experiencias mentales, sino energías que impactan directamente en el cuerpo y en el campo áurico, pudiendo bloquear el flujo de energía vital y manifestarse en forma de enfermedades físicas o patrones negativos de comportamiento. El chamanismo aborda la sanación emocional de manera holística, utilizando técnicas que ayudan a liberar emociones reprimidas, acceder a los orígenes del trauma y restaurar el equilibrio energético.

El primer paso en la sanación de heridas emocionales es reconocer la existencia del trauma o del dolor no resuelto. A menudo, las personas reprimen sus emociones por largos períodos de tiempo, ya sea consciente o inconscientemente, lo que puede llevar a la desconexión de las experiencias dolorosas. El chamán ayuda a traer estas emociones a la superficie mediante el uso de técnicas como la visualización guiada, los cánticos o la inducción de estados alterados de conciencia. Estas prácticas permiten al paciente conectarse con su mundo interior de manera segura y explorar los sentimientos que han sido ignorados o suprimidos.

Una técnica fundamental en la sanación emocional chamánica es el uso de "extracción" de energías negativas asociadas con las emociones atrapadas. El chamán trabaja con el campo energético del paciente para identificar las áreas donde se perciben bloqueos o acumulaciones de energía densa. Utilizando sus manos, instrumentos como plumas o cristales, o incluso su respiración, el chamán "extrae" estas energías del cuerpo del paciente y las libera en la naturaleza para ser transmutadas. Este proceso ayuda a liberar la carga emocional acumulada, permitiendo que la energía vital fluya nuevamente de manera libre y equilibrada.

El viaje chamánico es otra herramienta valiosa en la sanación de heridas emocionales, ya que permite al paciente y al chamán explorar los orígenes espirituales del trauma. Durante un viaje chamánico, el chamán puede acceder a dimensiones espirituales en las que se encuentran las raíces del dolor emocional, ya sea en eventos pasados de la vida actual o incluso en vidas pasadas. En estas exploraciones, el chamán puede encontrar fragmentos del alma que se han perdido debido al trauma y trabajar para reintegrarlos en el paciente, un proceso conocido como "recuperación del alma". Esta técnica es fundamental para restaurar la plenitud del ser y reparar la energía vital.

La liberación de emociones reprimidas puede lograrse también a través del uso de la música y el canto chamánico. Los cánticos, con su capacidad para resonar en lo más profundo del ser, actúan como catalizadores que despiertan emociones enterradas. El chamán puede entonar cánticos específicos que sintonizan con el dolor emocional del paciente, permitiendo que el dolor se exprese y se libere. El uso de tambores y maracas acompaña el proceso, intensificando el efecto del canto y generando una vibración que facilita la descarga emocional. Este enfoque libera no solo la mente, sino también el cuerpo, ya que las emociones a menudo se alojan en los tejidos corporales.

La respiración consciente es una práctica simple pero poderosa en la sanación de heridas emocionales. El chamán puede guiar al paciente en ejercicios de respiración que ayuden a mover la energía estancada y liberar las emociones atrapadas. Por ejemplo, la respiración profunda y rítmica, combinada con la visualización de la energía negativa saliendo del cuerpo con cada exhalación, permite al paciente sentirse más liviano y despejado. La respiración también ayuda a centrar la mente y a abrir el corazón, facilitando el acceso a las emociones más profundas de manera consciente y sin sentirse abrumado.

Otra técnica utilizada en la sanación chamánica es la "revisión de vida", que implica un proceso de reflexión y remembranza de los eventos significativos que han marcado la vida del paciente. Con la guía del chamán, el paciente puede visualizar momentos específicos en los que surgieron heridas emocionales y trabajar para sanar esas experiencias. La revisión de vida no es simplemente un ejercicio mental, sino una práctica espiritual en la que el chamán ayuda a cambiar la perspectiva y a reconfigurar la energía vinculada a esos recuerdos, liberando el dolor asociado y transformando la narrativa personal del paciente.

El trabajo con guías espirituales y animales de poder es esencial en la sanación emocional chamánica. Los guías espirituales pueden proporcionar enseñanzas y orientación sobre cómo enfrentar el dolor y trascenderlo. Pueden aparecer durante los viajes chamánicos o en meditaciones profundas, ofreciendo mensajes que ayudan a comprender el propósito del sufrimiento y la manera de superarlo. Los animales de poder, por otro lado, aportan cualidades específicas que fortalecen al paciente, como la valentía, la resiliencia o la sabiduría, características que son necesarias para atravesar el proceso de sanación emocional.

La práctica del "dieta" con plantas sagradas también puede ser aplicada en la sanación de heridas emocionales. En la tradición chamánica, las plantas son consideradas maestras y pueden enseñar al paciente cómo liberar el dolor emocional. La ayahuasca, el San Pedro o el tabaco son plantas que se utilizan en rituales ceremoniales para facilitar el acceso a las emociones reprimidas y traer claridad a la mente. Durante un dieta, el paciente consume estas plantas en un contexto controlado y sagrado, mientras el chamán guía la experiencia y asiste en la integración de las visiones y las emociones que emergen.

El uso de rituales de "perdón" es una práctica chamánica que aborda la sanación emocional al permitir que el paciente libere rencores o culpas que han estado bloqueando su bienestar. Estos rituales pueden incluir la quema simbólica de objetos que representan el dolor, el uso de cánticos de perdón o la visualización del perdón hacia uno mismo o hacia otros. La intención es liberar la energía atrapada en los resentimientos, lo que permite que la persona avance en su camino de sanación y se reconecte con la vida de manera más plena.

La integración posterior al proceso de sanación es fundamental para asegurar que los cambios realizados sean duraderos y significativos. El chamán puede recomendar prácticas diarias, como la meditación, el canto, o el uso de afirmaciones, para reforzar los resultados de la sanación. También puede sugerir actividades físicas que ayuden a mantener el flujo energético, como el yoga o la danza, las cuales permiten que el cuerpo exprese y procese las emociones de manera continua. La integración no es un evento único, sino un proceso constante que el paciente debe mantener para asegurar que la sanación perdure.

La sanación de heridas emocionales en el chamanismo no se trata solo de eliminar el dolor, sino de transformar la relación con las experiencias del pasado y encontrar un nuevo significado. A través de las prácticas chamánicas, se cultiva la capacidad de mirar hacia el interior con compasión y de encontrar en el sufrimiento una oportunidad para crecer y despertar espiritualmente. El chamanismo nos enseña que las emociones no son obstáculos a superar, sino portales hacia una comprensión más profunda de nosotros mismos y del mundo. Al liberar las heridas del pasado, se abre un camino hacia una vida más plena y consciente, donde la energía fluye libremente y el ser se reconecta con su esencia verdadera.

La sanación de heridas emocionales en el chamanismo va más allá de liberar las emociones reprimidas o el dolor del pasado; también implica trabajar con traumas específicos, como el abuso, el duelo y la ansiedad, para transformar profundamente la relación del individuo con su experiencia de vida. Los chamanes utilizan diversas prácticas para ayudar a los pacientes a superar los traumas más profundos, proporcionando un enfoque holístico que no solo aborda los síntomas emocionales, sino también las raíces espirituales del sufrimiento.

Uno de los aspectos más importantes en la sanación de traumas emocionales específicos es el trabajo con el cuerpo energético, ya que las emociones intensas o traumáticas tienden a dejar "improntas" en el campo áurico. Estas improntas son energías densas o bloqueadas que pueden afectar la salud física, emocional y espiritual del individuo. El chamán actúa como un guía que detecta estas zonas de densidad energética y utiliza técnicas de extracción, imposición de manos o incluso el uso de instrumentos vibratorios, como los tambores o los cuencos, para disolver o mover las energías estancadas. Este trabajo directo con el cuerpo energético permite liberar el trauma desde su raíz, restableciendo el flujo natural de la energía vital.

El abuso, ya sea físico, emocional o sexual, deja profundas heridas emocionales que afectan la autoestima, la confianza y la percepción del mundo. Para abordar el abuso en el contexto chamánico, es fundamental crear un espacio seguro y sagrado donde el paciente se sienta protegido y apoyado. El chamán puede utilizar rituales específicos que incluyan el uso de plantas sagradas, cánticos de protección y la invocación de guías espirituales para facilitar la sanación. En estos rituales, se trabaja no solo en la liberación del dolor, sino también en la restauración del poder personal, ayudando al paciente a recuperar la sensación de control y agencia que se perdió a causa del abuso.

El duelo es otro tipo de herida emocional que el chamanismo aborda de manera integral, considerando no solo la pérdida en sí, sino también el impacto que tiene en la energía vital del individuo. La sanación chamánica del duelo puede implicar rituales de despedida, donde el paciente, con la guía del chamán, establece un contacto simbólico con el ser amado que ha partido, liberando la tristeza y los sentimientos no expresados. A través del viaje chamánico, es posible entrar en un estado en el que el paciente puede recibir mensajes o impresiones de la persona fallecida, lo cual ayuda a cerrar ciclos emocionales y a encontrar paz. Además, el chamán puede sugerir prácticas continuas de conexión con los ancestros, para transformar la percepción del duelo en una relación de amor y respeto con los seres queridos que han trascendido.

La ansiedad, a menudo relacionada con el estrés y el miedo, puede ser tratada en el chamanismo mediante prácticas que restablecen el equilibrio del sistema nervioso y el cuerpo energético. El chamán puede trabajar con técnicas de respiración, visualización y meditación para ayudar al paciente a calmar la mente y reestablecer un estado de paz interior. Las plantas sagradas que tienen propiedades calmantes, como la manzanilla o la lavanda, pueden ser utilizadas en forma de sahumerios, infusiones o baños para promover la relajación. Además, la práctica de la conexión con la naturaleza es recomendada para aliviar la ansiedad, ya que estar en contacto con los elementos naturales ayuda a estabilizar las energías del cuerpo y de la mente.

Guiar a otros en el proceso de sanación emocional es una responsabilidad que el chamán asume con respeto y consciencia. Es importante que el chamán no imponga su visión, sino que acompañe al paciente en su propio camino de sanación, brindándole herramientas y apoyo para que sea el propio individuo quien encuentre su verdad y libere su dolor. El chamán actúa como un facilitador del proceso, ayudando al paciente a encontrar sus propias respuestas y a conectar con su sabiduría interna. La práctica de escuchar activamente y de validar la experiencia emocional del paciente es esencial, ya que permite al individuo sentirse visto, comprendido y aceptado en su totalidad.

Para apoyar el continuo crecimiento emocional, el chamán puede recomendar prácticas específicas que ayuden al paciente a mantener la conexión con su proceso de sanación después de las sesiones. Estas prácticas pueden incluir el uso de diarios de sueños, donde el paciente registra sus sueños y visiones para analizar los mensajes que recibe del inconsciente o del mundo espiritual. También se pueden sugerir meditaciones diarias o ejercicios de respiración enfocados en liberar la tensión emocional y fortalecer el campo energético. El uso de afirmaciones positivas o mantras es otra herramienta útil para reprogramar la mente y liberar patrones emocionales negativos.

La integración de los aspectos de sombra es un elemento clave en la sanación de heridas emocionales. En el chamanismo, la "sombra" se refiere a las partes de uno mismo que han sido rechazadas, reprimidas o no reconocidas, pero que aún influyen en la vida y en la percepción de uno mismo. A través de prácticas chamánicas, el individuo puede comenzar a explorar y abrazar su sombra, integrando aspectos que antes se consideraban negativos o indeseables. El trabajo con la sombra no es simplemente un acto de confrontación, sino un proceso de aceptación y reconciliación, donde la energía contenida en la sombra se transforma en fuerza y sabiduría.

El uso de rituales de renacimiento puede ser empleado en la sanación de heridas emocionales profundas. Estos rituales simbolizan una nueva etapa en la vida del paciente, marcando el cierre de un ciclo de sufrimiento y la apertura a una nueva realidad. Durante un ritual de renacimiento, el chamán guía al paciente en una ceremonia que puede incluir el paso por un "portal" simbólico, la inmersión en agua o la exposición a los elementos naturales. Estas acciones rituales representan la muerte simbólica de la antigua identidad o del dolor, y el nacimiento de una nueva forma de ser, más plena y en equilibrio.

El poder del perdón también se explora en la sanación chamánica. El perdón no siempre implica reconciliarse con la persona que causó el daño, sino liberar el propio corazón de la carga del rencor o del odio. El chamán puede guiar al paciente en un ritual donde el perdón se ofrece primero a uno mismo, reconociendo cualquier sentimiento de culpa o vergüenza y liberándolo con compasión. Después, el paciente puede extender este acto de perdón hacia otros, lo cual no significa justificar la acción dañina, sino permitir que la energía negativa asociada a esa experiencia sea liberada para que el individuo pueda avanzar con su vida.

El proceso de sanación de traumas específicos también puede ser facilitado a través de la conexión con la naturaleza. El chamanismo enseña que la naturaleza es una fuente de sabiduría y sanación inagotable. Realizar caminatas meditativas, pasar tiempo junto a un río o un árbol antiguo, o incluso realizar rituales de conexión con los elementos naturales, son formas de recibir el apoyo energético de la Tierra. La naturaleza ayuda a "descargar" las emociones densas y a restaurar el equilibrio, proporcionando un espacio seguro donde el dolor puede ser liberado y transformado.

La sanación de heridas emocionales en el chamanismo es un camino que va más allá de la mera recuperación del bienestar; es una oportunidad para la transformación y el crecimiento espiritual. A través de prácticas chamánicas, el individuo aprende a ver su sufrimiento como parte de un proceso más amplio de autodescubrimiento y despertar, en el cual cada experiencia dolorosa trae consigo lecciones valiosas. La sanación no solo restaura el equilibrio, sino que también fortalece al individuo, llevándolo a una comprensión más profunda de su propósito y de su poder personal. Este viaje de sanación emocional abre las puertas a una vida más auténtica y en sintonía con la esencia espiritual del ser.

Capítulo 10
La Sanación de Enfermedades Física

La práctica chamánica considera que las enfermedades físicas no son fenómenos aislados, sino manifestaciones de desequilibrios que ocurren en los niveles energético, emocional y espiritual. Según esta perspectiva, el cuerpo es un reflejo de la energía vital, y cuando esta se ve bloqueada o perturbada, se generan síntomas físicos que pueden evolucionar en enfermedades. La sanación chamánica busca no solo aliviar estos síntomas, sino también abordar las causas subyacentes para restaurar la armonía y promover un bienestar integral. La práctica no pretende reemplazar la medicina convencional, sino complementarla mediante técnicas que actúan en todos los niveles del ser.

Una de las bases de la sanación física en el chamanismo es la comprensión de la conexión entre cuerpo y espíritu. Los chamanes ven la enfermedad como un mensaje o una señal que invita a la persona a prestar atención a aspectos de su vida que han sido descuidados o reprimidos. Las emociones no resueltas, los traumas del pasado o incluso la desconexión con la naturaleza pueden manifestarse en forma de dolencias físicas. La tarea del chamán es identificar estas causas y trabajar con el paciente para liberar las energías que han provocado la enfermedad, restaurando el flujo natural de la energía vital en el cuerpo.

El uso de plantas sagradas y remedios naturales es una práctica esencial en la sanación física chamánica. Las plantas son consideradas seres con espíritu y poder curativo, capaces de equilibrar tanto el cuerpo como el alma. El chamán utiliza su conocimiento ancestral para seleccionar plantas específicas según la naturaleza de la enfermedad y el estado energético del paciente.

Puede emplearlas en diversas formas, como infusiones, cataplasmas, ungüentos o sahumerios. Por ejemplo, la ruda y el romero son conocidas por sus propiedades purificadoras y se usan en baños de limpieza para eliminar energías negativas del cuerpo físico, mientras que el aloe vera puede ser utilizado para aliviar inflamaciones o quemaduras.

La imposición de manos, también conocida como sanación energética o curación por toque, es otra técnica fundamental. El chamán utiliza sus manos como canalizadoras de energía, dirigiendo la fuerza vital hacia áreas del cuerpo donde se perciben bloqueos o desequilibrios. Durante el proceso, el chamán puede sentir calor, frío o presión en sus manos, lo que le indica la presencia de desequilibrios energéticos. Mediante movimientos específicos o el uso de cristales y plumas, se restaura la armonía en el cuerpo energético, lo cual puede traducirse en un alivio de los síntomas físicos.

El tambor, como instrumento de sanación, se utiliza para inducir vibraciones que penetran en el cuerpo y liberan bloqueos energéticos. La resonancia del tambor puede ser dirigida hacia una parte específica del cuerpo o utilizarse de manera general para equilibrar todo el sistema energético. El ritmo y la intensidad del tambor se ajustan según la respuesta del paciente, permitiendo que el sonido actúe como una herramienta de sanación física que también afecta los niveles emocionales y espirituales.

La sanación de enfermedades físicas mediante el chamanismo a menudo implica un trabajo con los "centros de energía" o chakras del cuerpo. Los chakras son considerados vórtices de energía que regulan diferentes aspectos de la salud física y emocional. Cuando uno o más chakras están desequilibrados, pueden surgir síntomas físicos en las áreas relacionadas con esos centros de energía. El chamán trabaja para alinear y activar los chakras mediante técnicas de visualización, imposición de manos, cánticos o el uso de piedras y cristales específicos para cada chakra. Al restaurar el equilibrio de los chakras, se facilita la recuperación física y se promueve el bienestar general.

El viaje chamánico también es utilizado para tratar enfermedades físicas. Durante el viaje, el chamán entra en un estado alterado de conciencia y se conecta con el mundo espiritual para buscar orientación sobre la naturaleza de la enfermedad y los métodos adecuados para sanarla. Puede recibir visiones o mensajes de guías espirituales, animales de poder o espíritus de plantas que proporcionan información sobre el tratamiento más adecuado. Esta información puede incluir la necesidad de realizar un ritual específico, utilizar una planta particular o cambiar ciertos hábitos en la vida cotidiana del paciente.

La relación entre la salud física y la salud emocional es otro aspecto central en la sanación chamánica. Las emociones no resueltas pueden manifestarse en dolencias físicas, como dolores crónicos, problemas digestivos o enfermedades de la piel. El chamán aborda la enfermedad física explorando también los aspectos emocionales que puedan estar contribuyendo al desequilibrio. La liberación de emociones reprimidas, la integración de experiencias pasadas y la sanación de traumas emocionales son prácticas que complementan la sanación física y que pueden ser esenciales para lograr una recuperación completa.

En el chamanismo, se reconoce que ciertas enfermedades pueden estar relacionadas con influencias externas, como energías negativas o incluso "intrusiones" espirituales que afectan el cuerpo físico. En estos casos, el chamán realiza rituales de extracción para eliminar la energía o entidad intrusa, liberando el campo energético del paciente. Este trabajo puede ser realizado con la ayuda de plumas, cristales, cánticos o instrumentos vibratorios, y es seguido por prácticas de fortalecimiento del campo energético para prevenir futuras intrusiones.

La integración de prácticas de movimiento, como la danza o el ejercicio consciente, es una forma de promover la sanación física en la práctica chamánica. El movimiento ayuda a desbloquear la energía estancada, activar el flujo de la fuerza vital y fortalecer el cuerpo físico. Los rituales de danza chamánica, en particular, son usados para liberar tensiones y promover la curación. A través de la expresión corporal, se pueden liberar emociones atrapadas en los tejidos musculares y en el sistema nervioso, lo que contribuye a la sanación integral.

El enfoque preventivo también es parte de la sanación física en el chamanismo. Mantener un equilibrio energético constante mediante limpiezas regulares, prácticas de conexión con la naturaleza y el uso de plantas protectoras ayuda a prevenir el desarrollo de enfermedades. El chamán puede recomendar rituales periódicos de purificación, baños de hierbas o sahumerios para mantener la energía limpia y equilibrada. Además, se puede orientar al paciente en la adopción de un estilo de vida que respete los ciclos naturales, incluyendo la alimentación consciente, el descanso adecuado y la práctica de actividades que fortalezcan el cuerpo y la mente.

La sanación de enfermedades físicas en el chamanismo no solo se centra en aliviar los síntomas, sino en restaurar la conexión profunda con la propia energía vital. Al abordar la enfermedad como un desequilibrio que involucra aspectos físicos, emocionales y espirituales, se ofrece un enfoque integral que busca no solo la recuperación, sino la transformación del ser. Esta perspectiva holística permite al paciente redescubrir el poder de la autosanación y reconocer que la salud es un estado de armonía con la vida, donde el cuerpo, la mente y el espíritu están en constante diálogo y equilibrio.

La sanación chamánica para tratar enfermedades físicas profundiza en el uso de técnicas específicas y casos prácticos que abordan afecciones crónicas, inflamaciones y otros problemas de salud. Estas prácticas buscan complementar la medicina convencional al trabajar en los niveles energético y espiritual para potenciar la recuperación física. En la tradición chamánica, el proceso de sanación no se limita a aliviar los síntomas visibles, sino que también implica restaurar el equilibrio en el sistema completo del individuo, lo que puede llevar a una sanación más profunda y duradera.

Una de las técnicas avanzadas en la sanación chamánica es la "cirugía espiritual", un proceso en el que el chamán actúa como mediador entre el mundo físico y el espiritual para eliminar bloqueos energéticos específicos que pueden estar causando la enfermedad. Durante la cirugía espiritual, el chamán puede entrar en un estado alterado de conciencia, utilizando instrumentos como cristales, plumas o cuchillos ceremoniales para "extraer" la energía negativa o los bloqueos del cuerpo del paciente. Este proceso no involucra intervención física directa en el cuerpo, sino que trabaja en el campo energético, donde se percibe y se libera la obstrucción.

La transmutación de energías es otra técnica utilizada en el chamanismo para tratar enfermedades físicas. Esta práctica consiste en transformar la energía densa o negativa en una forma más ligera y curativa. En lugar de simplemente expulsar las energías perjudiciales, el chamán las redirige hacia un "fuego espiritual" en la visualización, donde se queman y se transforman en luz. Este enfoque no solo ayuda a eliminar la enfermedad, sino que también cambia la calidad de la energía en el cuerpo, permitiendo que el proceso de sanación continúe de manera natural. La transmutación es especialmente útil en casos de dolores crónicos, donde la energía densa tiende a acumularse en áreas específicas del cuerpo.

Los rituales de sanación específicos para el tratamiento de inflamaciones o dolores localizados pueden incluir la aplicación de cataplasmas de plantas medicinales, acompañados por cánticos de sanación y el uso de sahumerios. Por ejemplo, el uso de hojas de artemisa o caléndula puede ser efectivo para aliviar la inflamación, mientras que el cántico entonado durante la aplicación de la planta potencia su efecto curativo. Estos rituales suelen realizarse en un entorno sagrado, donde el chamán invoca a los espíritus de la planta para que guíen el proceso de sanación y trabajen en armonía con la energía del paciente.

El uso de técnicas de visualización es otra práctica avanzada que se aplica en la sanación de enfermedades físicas. El chamán guía al paciente en la visualización de su cuerpo siendo sanado por energías de luz o por guías espirituales que intervienen para restaurar la salud. La visualización también puede ser utilizada para dirigir conscientemente la energía hacia áreas específicas del cuerpo, disolviendo bloqueos y reequilibrando los flujos de la fuerza vital. Esta práctica activa el poder de la mente y del espíritu en la recuperación física, fomentando una actitud proactiva hacia la autosanación.

La integración con tratamientos médicos convencionales es un enfoque que el chamanismo moderno ha adoptado para maximizar los beneficios de la sanación. En lugar de ver la medicina convencional y el chamanismo como prácticas opuestas, se busca un enfoque complementario donde los métodos chamánicos puedan ayudar a reducir los efectos secundarios de ciertos tratamientos médicos o acelerar la recuperación después de una intervención quirúrgica. Por ejemplo, el uso de técnicas de sanación energética para apoyar la recuperación después de una cirugía o la aplicación de plantas calmantes para aliviar los efectos secundarios de la quimioterapia son maneras en que el chamanismo puede trabajar en sinergia con la medicina moderna.

Los animales de poder y los guías espirituales también juegan un papel importante en la sanación de enfermedades físicas. Durante el proceso de sanación, el chamán puede invocar a un animal de poder que represente cualidades específicas necesarias para la recuperación, como la fuerza, la resiliencia o la capacidad de transformación. El paciente, al conectar con la energía del animal de poder, puede sentir un aumento en su vitalidad y una mayor capacidad para enfrentar la enfermedad. Los guías espirituales, por su parte, pueden proporcionar orientación sobre cómo continuar el proceso de sanación o qué cambios en el estilo de vida son necesarios para prevenir futuras dolencias.

El trabajo con los elementos naturales, como el agua, la tierra, el fuego y el aire, es fundamental en la sanación chamánica para enfermedades físicas. Cada elemento tiene cualidades específicas que pueden ser utilizadas para tratar diferentes tipos de dolencias. Por ejemplo, el agua se asocia con la limpieza y la purificación, y puede ser utilizada en baños rituales para eliminar toxinas y energías negativas del cuerpo. El fuego, por otro lado, es visto como un transformador, capaz de quemar las energías densas que contribuyen a la enfermedad. El chamán puede realizar ceremonias donde se invoca el poder de los elementos, dirigiendo su energía hacia la sanación del paciente.

El tratamiento de dolencias específicas, como problemas respiratorios o enfermedades autoinmunes, se aborda mediante prácticas que combinan la sanación energética con la medicina de plantas. En el caso de problemas respiratorios, se puede utilizar el eucalipto o el tomillo en forma de vaporizaciones, mientras el chamán dirige energía hacia los pulmones del paciente para liberar bloqueos. En enfermedades autoinmunes, donde el sistema inmunológico ataca el propio cuerpo, el chamanismo trabaja con técnicas para equilibrar el sistema inmunológico y reforzar el campo energético, ayudando a redirigir la energía del cuerpo hacia la sanación en lugar del ataque.

El uso de remedios herbales personalizados es una técnica chamánica para tratar enfermedades físicas. El chamán prepara mezclas de hierbas específicas basadas en el estado energético y la dolencia del paciente. Estas preparaciones pueden incluir tinturas, ungüentos o infusiones, y se complementan con la intención de sanación establecida por el chamán durante la preparación del remedio. Además, se realiza una consagración de las plantas utilizadas, pidiendo a los espíritus de la naturaleza que activen sus propiedades curativas. Este enfoque personalizado potencia el efecto del tratamiento, adaptándolo a las necesidades únicas de cada persona.

La importancia de la "dieta espiritual" es otro aspecto que se utiliza para apoyar la sanación física. El chamán puede recomendar que el paciente adopte una dieta específica durante un tiempo determinado, no solo desde el punto de vista de los alimentos físicos, sino también en términos de abstenerse de ciertas influencias energéticas o emocionales que podrían interferir con el proceso de recuperación. Por ejemplo, el paciente puede ser instruido para evitar ciertos alimentos que bloquean la energía, o incluso realizar un retiro temporal para concentrarse en la sanación. La dieta espiritual se convierte en una forma de purificación y renovación que ayuda a restablecer el equilibrio interno.

El seguimiento continuo es fundamental para asegurar que la sanación física sea completa y duradera. El chamán puede proporcionar orientaciones para la vida diaria que incluyan rituales de mantenimiento energético, recomendaciones sobre el uso de plantas específicas, o prácticas de meditación y respiración que fortalezcan la salud. También puede evaluar periódicamente el estado energético del paciente para detectar cualquier signo de desequilibrio que pueda indicar la necesidad de un tratamiento adicional.

La sanación de enfermedades físicas a través del chamanismo es un camino que va más allá del tratamiento de los síntomas. Se trata de una transformación integral que busca alinear cuerpo, mente y espíritu para restaurar la salud y el equilibrio. Al abordar la enfermedad desde una perspectiva holística, se abre un camino hacia la autosanación y se empodera al individuo para participar activamente en su propio proceso de recuperación. La sanación chamánica nos enseña que la verdadera curación es una forma de reequilibrio, donde el cuerpo físico refleja la armonía interna del ser y su conexión con el universo.

Capítulo 11
Recuperación del Alma

En el chamanismo, el concepto de recuperación del alma es fundamental para la sanación integral, ya que se considera que la pérdida de fragmentos del alma puede ser la causa subyacente de muchos problemas físicos, emocionales y espirituales. La fragmentación del alma ocurre cuando una persona experimenta un trauma severo, una pérdida o una situación extremadamente estresante, lo que hace que una parte de su esencia vital se "desprenda" para protegerse del dolor. Esta pérdida de fragmentos del alma puede manifestarse en sentimientos persistentes de vacío, depresión, ansiedad, fatiga crónica o incluso enfermedades físicas. La recuperación del alma es un proceso chamánico destinado a localizar y reintegrar estos fragmentos perdidos, restaurando así la integridad del ser.

El primer paso en la recuperación del alma es identificar las señales que indican que una persona ha perdido fragmentos de su esencia. Entre los síntomas comunes se encuentran la sensación de estar desconectado de la vida, la incapacidad de sentir alegría, la falta de motivación o la sensación de que una parte de uno mismo ha "muerto". Estos signos pueden estar presentes desde un evento traumático reciente o manifestarse a lo largo de muchos años. El chamán, utilizando su conocimiento y percepción intuitiva, puede determinar si la pérdida del alma es la causa subyacente de los problemas de la persona.

Para comenzar el proceso de recuperación del alma, el chamán realiza un viaje chamánico, entrando en un estado alterado de conciencia para acceder a los mundos espirituales donde residen los fragmentos del alma perdidos. Durante este viaje, el chamán puede ser guiado por sus animales de poder o guías espirituales, quienes le muestran dónde se encuentran estos fragmentos. El chamán puede ver o sentir los fragmentos del alma como luces, imágenes o incluso como versiones de la persona en diferentes etapas de su vida. Cada fragmento representa una parte de la esencia que quedó atrapada en una experiencia pasada y que necesita ser rescatada y reintegrada.

El rescate de los fragmentos del alma implica establecer una conexión con el fragmento perdido y persuadirlo para que regrese. En algunos casos, el fragmento puede estar renuente a volver debido al miedo o al dolor asociado con el evento traumático. El chamán, entonces, actúa como un intermediario, asegurando al fragmento que es seguro regresar y que el proceso de sanación ha comenzado. A veces, se requiere realizar un trabajo adicional de sanación en el nivel energético para preparar el terreno antes de que el fragmento pueda ser recuperado con éxito. Esto puede incluir la limpieza de energías negativas o la restauración de la protección energética de la persona.

Una vez que el chamán ha localizado y rescatado el fragmento del alma, lo trae de regreso al mundo físico y lo reintegra en el campo energético de la persona. Este proceso de reintegración suele realizarse mediante la imposición de manos, el soplo del chamán sobre la cabeza o el corazón del paciente, o el uso de cánticos específicos que ayudan a anclar el fragmento en su lugar. La persona puede sentir inmediatamente un cambio en su energía, como una sensación de plenitud o alivio. Sin embargo, la integración completa del fragmento puede requerir tiempo y trabajo adicional, ya que la persona debe adaptarse a la energía recuperada y procesar las emociones asociadas.

Después de la recuperación del alma, es importante que el paciente participe activamente en el proceso de integración. El chamán puede recomendar prácticas diarias de meditación, respiración o conexión con la naturaleza para ayudar a la persona a asimilar los cambios y fortalecer su campo energético. También puede ser útil llevar un diario para registrar cualquier sentimiento, sueño o visión que surja después de la recuperación del fragmento del alma, ya que estos pueden proporcionar indicaciones sobre aspectos de la vida que necesitan ser abordados o cambios que deben realizarse para evitar la pérdida futura del alma.

El trabajo con guías espirituales y animales de poder continúa siendo relevante en el proceso de integración. Los guías pueden proporcionar orientación sobre cómo cuidar y proteger los fragmentos recuperados, así como enseñar al individuo nuevas maneras de gestionar el estrés, la ansiedad y otros factores que contribuyeron a la pérdida del alma. Los animales de poder, en particular, pueden ofrecer la fuerza y el coraje necesarios para enfrentar las emociones reprimidas o los recuerdos dolorosos que resurgen durante la integración. A veces, un nuevo animal de poder puede aparecer después de la recuperación del alma, lo que indica un cambio en la energía de la persona y un nuevo capítulo en su vida.

El uso de rituales de fortalecimiento energético es crucial para mantener los fragmentos del alma recién recuperados en su lugar. Estos rituales pueden incluir sahumerios con plantas protectoras, baños de hierbas o el uso de cristales que ayudan a sellar el campo energético. Por ejemplo, el cuarzo transparente puede ser utilizado para amplificar la energía vital, mientras que la amatista puede ayudar a calmar la mente y facilitar la integración de los fragmentos del alma. Además, el chamán puede recomendar la creación de un amuleto personal consagrado que actúe como un protector espiritual, reforzando la energía del paciente y manteniendo los fragmentos en equilibrio.

En algunos casos, la recuperación del alma puede requerir más de una sesión, especialmente si la persona ha experimentado múltiples traumas o una pérdida significativa de su energía vital. Cada fragmento recuperado puede traer consigo una capa diferente de sanación y despertar recuerdos, emociones o patrones que necesitan ser trabajados. Es importante que la persona se permita tiempo para asimilar cada paso del proceso, sin apresurarse, ya que la sanación profunda requiere paciencia y dedicación. El chamán actúa como un acompañante en este viaje, proporcionando apoyo continuo y ajustes en las prácticas según sea necesario.

La recuperación del alma no solo tiene efectos en la salud individual, sino que también puede influir en la vida de la persona de maneras más amplias, abriendo puertas a nuevos comienzos y relaciones más auténticas. Al restaurar la integridad del alma, se libera un potencial creativo y vital que puede haber estado bloqueado durante años. Las personas que han pasado por la recuperación del alma suelen experimentar un renacimiento en su pasión por la vida, una mayor claridad en su propósito y una conexión más profunda con su espiritualidad. La energía recuperada no solo restaura lo que se había perdido, sino que también potencia el crecimiento y la transformación.

El chamanismo nos enseña que la recuperación del alma es un acto de reequilibrio que va más allá del individuo. La integridad del alma afecta la relación con la comunidad, el entorno y el universo. Cuando una persona sana y recupera sus fragmentos del alma, contribuye a un campo energético más saludable para todos, ya que cada ser es parte de un todo interconectado. Por esta razón, la práctica de la recuperación del alma no solo busca el bienestar personal, sino que también actúa como un camino hacia la armonía colectiva y la sanación de la Tierra misma.

En el proceso de recuperación del alma, se revela la sabiduría profunda de que cada experiencia dolorosa, cada fragmento perdido, lleva consigo un aprendizaje esencial. Al integrar estos aspectos de nuestra esencia, nos volvemos más completos y conscientes, reconociendo que incluso las partes que se alejaron lo hicieron para protegernos. La sanación chamánica invita a ver el dolor como un maestro y la pérdida como una oportunidad para redescubrir la verdadera naturaleza del ser. La recuperación del alma es, en última instancia, un retorno al hogar interior, donde el espíritu puede florecer plenamente en su autenticidad y fuerza.

La recuperación del alma no termina con la reintegración de los fragmentos perdidos; continúa con procesos para asegurar que la energía restaurada sea completamente asimilada y que el equilibrio energético se mantenga en el tiempo. Después de la recuperación, la persona debe integrar estos fragmentos en su vida cotidiana y adaptar su percepción y comportamiento para reflejar el nuevo estado de plenitud.

Uno de los pasos más importantes en la integración de los fragmentos del alma es el reconocimiento consciente de los cambios que se experimentan después del proceso de recuperación. La persona puede notar una mayor vitalidad, un incremento en la sensación de presencia o la aparición de emociones y recuerdos antiguos que resurgen. El chamán guía al paciente en la observación de estos cambios y en la interpretación de las señales que indican el progreso de la integración. Este proceso de autoconciencia es esencial para que el individuo reconozca y aprecie las mejoras en su energía y bienestar.

El uso de rituales de anclaje energético ayuda a estabilizar los fragmentos del alma recuperados en el campo áurico. El chamán puede realizar ceremonias periódicas para fortalecer el vínculo entre los fragmentos y el ser completo, utilizando técnicas como el sahumerio, la imposición de manos o el canto. Estos rituales no solo sirven para mantener la energía anclada, sino también para limpiar cualquier residuo energético que pudiera haber quedado después de la recuperación. Además, se pueden incorporar prácticas de meditación o visualización diaria para que la persona siga cultivando una conexión profunda con su propia alma.

Las señales que indican la necesidad de una recuperación del alma adicional pueden aparecer después del proceso inicial. Por ejemplo, si la persona continúa sintiendo una sensación de vacío, experimenta dificultades para avanzar en su vida o se enfrenta a bloqueos persistentes, es posible que haya más fragmentos que necesiten ser recuperados. En tales casos, el chamán evaluará nuevamente el estado energético del paciente y determinará si es necesario realizar más sesiones de recuperación del alma. Cada sesión puede abordar un aspecto diferente del trauma o de la pérdida, llevando al paciente a una sanación más completa y multidimensional.

Para apoyar la integración de los fragmentos del alma, el chamán puede recomendar la práctica del "diálogo con el alma". Esta técnica implica una forma de comunicación introspectiva en la que la persona se conecta con su esencia y expresa pensamientos, emociones o preguntas directamente a su alma. A través de este diálogo, el individuo puede obtener respuestas o insights que ayudan a comprender mejor las lecciones detrás de las experiencias traumáticas y a asimilar los fragmentos recuperados. Esta práctica fortalece la conexión con el ser interno y puede realizarse durante la meditación, la escritura o la contemplación en la naturaleza.

Los sueños desempeñan un papel importante en la integración de los fragmentos del alma, ya que durante el sueño el inconsciente procesa las experiencias recientes y los cambios energéticos. El chamán puede orientar al paciente en la práctica de la interpretación de sueños, ayudando a identificar símbolos o mensajes que reflejen el estado de la integración. Es común que después de la recuperación del alma, los sueños sean más vívidos o que aparezcan figuras arquetípicas y animales de poder que guíen el proceso. Registrar estos sueños en un diario puede proporcionar pistas valiosas sobre aspectos de la vida que aún requieren atención o sobre formas específicas en que la persona puede fortalecer su conexión con el alma.

El fortalecimiento del campo energético es clave para mantener los fragmentos del alma recuperados en su lugar. Las prácticas físicas como el yoga, el Qi Gong o la danza chamánica ayudan a equilibrar la energía y a distribuirla uniformemente por todo el cuerpo. Estas actividades no solo activan el cuerpo físico, sino también el campo áurico, creando una barrera natural contra influencias externas negativas. El chamán puede enseñar ejercicios específicos de respiración que fomenten la circulación de la energía vital y aseguren que la fuerza recuperada fluya libremente por todo el sistema.

La protección energética es una medida preventiva crucial para evitar la pérdida futura del alma. El chamán puede aconsejar a la persona sobre cómo crear un entorno protector y equilibrado mediante el uso de cristales, amuletos o talismanes consagrados. También puede enseñar técnicas de visualización para construir escudos energéticos que protejan el campo áurico en situaciones estresantes o en entornos cargados. La práctica de rituales de limpieza regular, como los baños de hierbas o los sahumerios, refuerza el campo energético y previene la fragmentación del alma.

El trabajo con los ciclos naturales y las fases de la luna es una herramienta adicional en la integración de los fragmentos del alma. En el chamanismo, se considera que los ciclos de la naturaleza influyen en el proceso de sanación y en la energía del individuo. Durante la luna nueva, se pueden realizar rituales para establecer nuevas intenciones y consolidar los fragmentos del alma recuperados. En la luna llena, se puede trabajar en la liberación de cualquier energía residual o en la potenciación de los cambios positivos logrados. Este trabajo con los ciclos naturales crea un flujo continuo de renovación y crecimiento que facilita la integración.

La exploración de los aspectos de sombra puede ser necesaria para completar el proceso de recuperación del alma. La "sombra" representa aquellas partes de uno mismo que han sido rechazadas o no reconocidas, y que a menudo emergen cuando se recuperan fragmentos del alma que contienen experiencias difíciles o traumáticas. El chamán puede guiar al paciente en el proceso de confrontar y aceptar estos aspectos de su ser, trabajando para integrar la sombra en lugar de evitarla. Al hacer esto, se transforma la energía negativa en fuerza y sabiduría, completando así el proceso de sanación.

La adaptación al nuevo estado de plenitud también puede requerir cambios en la vida cotidiana, ya que el individuo ahora tiene una mayor cantidad de energía y una perspectiva renovada. El chamán puede ayudar a la persona a identificar los ajustes necesarios en sus hábitos, relaciones o entorno para apoyar el nuevo estado de equilibrio. Estos cambios pueden incluir establecer límites más saludables, modificar la dieta, practicar actividades creativas o pasar más tiempo en la naturaleza. Al hacer estos ajustes, la persona puede mantener la integridad del alma y seguir creciendo en su camino espiritual.

La práctica continua de la gratitud y el aprecio por la vida es un poderoso aliado en el mantenimiento de los fragmentos del alma recuperados. La gratitud activa una vibración positiva que fortalece el campo energético y protege la esencia de la persona. El chamán puede recomendar rituales simples, como expresar agradecimiento a diario, realizar ofrendas a la naturaleza o dedicar momentos del día a la contemplación silenciosa. Esta práctica no solo fortalece la conexión con el alma, sino que también sintoniza al individuo con las fuerzas espirituales y con el flujo de la vida.

La recuperación del alma en el chamanismo es más que una técnica de sanación; es un viaje profundo hacia la esencia de uno mismo, que revela la verdadera naturaleza del ser y la capacidad inherente para la transformación. A medida que los fragmentos del alma se integran y la persona recupera su totalidad, se despierta una nueva comprensión del propósito de la vida y del propio poder. Esta sanación permite que el individuo se libere de las cadenas del pasado y avance hacia un futuro lleno de posibilidades y plenitud, donde el alma puede expresarse plenamente y en sintonía con el universo.

Capítulo 12
El Papel del Chamán en la Comunidad

En el chamanismo tradicional, el chamán no solo actúa como sanador individual, sino que también desempeña un papel fundamental en la vida comunitaria. El chamán es visto como un líder espiritual, guardián del conocimiento ancestral y mediador entre el mundo físico y el espiritual. Su responsabilidad abarca no solo la sanación de las personas, sino también el mantenimiento del equilibrio energético de la comunidad y del entorno natural. Al explorar el papel del chamán en la comunidad, se revela cómo su trabajo no solo fortalece a los individuos, sino que también contribuye al bienestar colectivo.

El chamán cumple la función de consejero y guía espiritual, proporcionando orientación en momentos de crisis personal o comunitaria. A menudo, la comunidad recurre al chamán para recibir consejo sobre asuntos importantes, como decisiones familiares, problemas de salud, conflictos entre personas o incluso cuestiones relacionadas con la agricultura y el clima. El chamán utiliza sus habilidades de comunicación con el mundo espiritual para recibir mensajes y enseñanzas que pueden ayudar a las personas a encontrar soluciones a sus problemas. Además, su capacidad para percibir las energías sutiles le permite identificar desequilibrios que afectan a la comunidad en su conjunto.

Los rituales y ceremonias chamánicas tienen un papel central en la vida comunitaria, ya que sirven para marcar momentos importantes y reforzar el tejido social. Ceremonias de sanación colectiva, rituales de paso o celebraciones de la cosecha son eventos que reúnen a la comunidad en un acto sagrado, fortaleciendo los lazos entre los miembros y reafirmando su conexión con la naturaleza y los espíritus. En estas ceremonias, el chamán lidera los cantos, las danzas y las ofrendas, invocando a las fuerzas espirituales para proteger a la comunidad, bendecir la tierra y asegurar la prosperidad. La participación activa de los asistentes es fundamental, ya que refuerza el sentido de pertenencia y la cohesión social.

El chamán también asume la responsabilidad de la transmisión del conocimiento ancestral y de la preservación de las tradiciones espirituales. En muchas culturas, la sabiduría chamánica ha sido transmitida de generación en generación a través de la enseñanza oral y la práctica ceremonial. El chamán actúa como un guardián de esta sabiduría, compartiendo historias, mitos y enseñanzas que contienen lecciones sobre la vida, la muerte, el respeto por la naturaleza y la importancia del equilibrio. Esta transmisión de conocimientos no solo preserva la identidad cultural, sino que también proporciona a las nuevas generaciones las herramientas necesarias para enfrentar los desafíos del mundo moderno.

En situaciones de crisis colectiva, como epidemias, desastres naturales o conflictos, el chamán es llamado para realizar rituales de protección y purificación. Estos rituales están diseñados para eliminar las energías negativas que puedan estar afectando a la comunidad y para invocar la intervención de los espíritus protectores. El chamán puede realizar ceremonias de limpieza energética a gran escala, sahumerios colectivos o rituales de danza para transformar la energía de miedo o desesperación en fuerza y resiliencia. Además, actúa como mediador en conflictos, buscando restaurar la armonía mediante prácticas de reconciliación y sanación.

El papel del chamán también se extiende a la protección del entorno natural, ya que se considera que el bienestar de la comunidad está estrechamente ligado al estado de la naturaleza. El chamán actúa como un defensor de la Tierra, realizando ceremonias para honrar a los espíritus de la naturaleza y para mantener la armonía entre los seres humanos y el mundo natural. Puede llevar a cabo rituales para asegurar una buena cosecha, atraer la lluvia o proteger a los animales de la caza excesiva. Este enfoque holístico del chamanismo reconoce que la salud de la comunidad depende del equilibrio de los ecosistemas y de la relación respetuosa con la Tierra.

El trabajo del chamán en la comunidad también implica la enseñanza de prácticas espirituales y sanadoras a los demás. Esto puede incluir la transmisión de técnicas de limpieza energética, el uso de plantas medicinales, la interpretación de sueños o la realización de rituales sencillos que las personas pueden incorporar en su vida diaria. El objetivo no es crear dependencia de la figura del chamán, sino empoderar a cada individuo para que mantenga su propio equilibrio energético y contribuya al bienestar colectivo. La educación espiritual fomenta una mayor conciencia en la comunidad y refuerza los valores de respeto, reciprocidad y conexión con lo sagrado.

En tiempos de cambio o transformación, el chamán puede guiar a la comunidad en el proceso de adaptación a nuevas realidades, ya sean estas sociales, políticas o ambientales. La capacidad del chamán para trabajar con la energía y con los espíritus le permite percibir los cambios en un nivel profundo y preparar a la comunidad para lo que vendrá. A través de rituales de transición o ceremonias de renovación, el chamán ayuda a los miembros de la comunidad a soltar lo que ya no sirve y a recibir lo nuevo con apertura y confianza. Este papel de guía en tiempos de cambio fortalece la resiliencia comunitaria y la capacidad de adaptación.

El chamán también tiene la función de identificar y formar a nuevos aprendices que puedan continuar con la práctica chamánica en el futuro. La elección de un aprendiz no es casual, ya que se basa en señales recibidas del mundo espiritual y en la percepción de cualidades especiales en el individuo, como la sensibilidad energética, la capacidad de sanación o el talento para la comunicación con los espíritus. El proceso de formación es riguroso e implica no solo el aprendizaje de técnicas, sino también el desarrollo del carácter, la ética y el compromiso con la comunidad. La transmisión del conocimiento chamánico asegura que las tradiciones sigan vivas y que el trabajo de sanación continúe a través de las generaciones.

En muchas culturas, el chamán también actúa como un "psicopompo", un guía para los espíritus de los muertos, ayudando a las almas a encontrar su camino hacia el más allá. Esta función es crucial en los momentos de duelo, ya que proporciona consuelo a los familiares y facilita la transición del alma al mundo espiritual. El chamán realiza rituales específicos para acompañar al alma en su viaje, asegurando que no quede atrapada entre los mundos. Estos rituales ayudan a liberar las energías de la muerte y a restaurar el equilibrio en la comunidad.

El chamán, en su papel comunitario, encarna el principio de reciprocidad, un valor central en muchas tradiciones chamánicas. Este principio establece que todo lo que se recibe del mundo debe ser devuelto de alguna manera. El trabajo del chamán no es solo recibir energía o conocimientos del mundo espiritual, sino también devolver a la comunidad y a la naturaleza a través de sus acciones de sanación, enseñanza y protección. Al practicar la reciprocidad, el chamán fortalece el flujo de la energía vital en la comunidad y mantiene el equilibrio entre el dar y el recibir.

El papel del chamán en la comunidad no es estático, sino que evoluciona con las necesidades de la gente y con los cambios del entorno. El chamán adapta sus prácticas a las circunstancias actuales, integrando nuevas herramientas y conocimientos sin perder la esencia de la tradición. Esta flexibilidad permite que el chamanismo siga siendo relevante y eficaz en el mundo moderno, proporcionando una base espiritual que puede abordar tanto los problemas antiguos como los desafíos emergentes. La presencia del chamán en la comunidad continúa siendo un pilar que mantiene viva la conexión con lo sagrado y la armonía entre los seres humanos y el cosmos.

Profundizando en la función del chamán dentro de la comunidad, se destaca cómo su papel ha evolucionado para adaptarse a las realidades del mundo moderno, sin dejar de lado los principios ancestrales que guían su práctica. La relación del chamán con la comunidad continúa siendo esencial, pero ahora enfrenta nuevos desafíos y oportunidades que requieren enfoques innovadores y la integración de conocimientos tradicionales con prácticas contemporáneas.

Una de las formas en que el chamán puede actuar en la sociedad moderna es trabajando con grupos diversos en contextos urbanos o multiculturales. A medida que las sociedades se vuelven más complejas y se mezclan diferentes tradiciones y creencias, el chamán debe encontrar maneras de adaptar los rituales y ceremonias para que sean inclusivos y respeten la diversidad cultural de los participantes. Esto puede implicar la creación de rituales personalizados que integren elementos de distintas tradiciones, siempre manteniendo la intención de sanar y restaurar el equilibrio. El chamán actúa como un puente entre culturas, ayudando a las personas a reconectar con lo sagrado independientemente de su origen.

En el contexto de la salud mental, el chamanismo ofrece una perspectiva única para tratar problemas como la ansiedad, la depresión y el trauma. La práctica chamánica aborda la salud mental no solo como una cuestión psicológica, sino también energética y espiritual. Los rituales de limpieza energética, la recuperación del alma y la sanación a través de la conexión con la naturaleza pueden complementar las terapias convencionales, proporcionando una vía de sanación holística. El chamán puede trabajar en conjunto con profesionales de la salud mental para integrar prácticas espirituales en el tratamiento, respetando siempre los límites éticos y colaborando para brindar un enfoque integral al paciente.

La función social del chamán en el mundo moderno también incluye trabajar con grupos en situaciones de crisis o trauma colectivo, como desastres naturales, guerras o desplazamientos. El chamán puede realizar rituales de sanación grupal para ayudar a las personas a liberar el miedo, el dolor y la angustia acumulada durante estos eventos. Las ceremonias que incluyen la participación activa de la comunidad, como el canto, la danza o la creación de altares colectivos, pueden proporcionar un espacio de sanación donde se compartan el dolor y la esperanza, fomentando la resiliencia y la capacidad de recuperación. Estas prácticas restauran no solo el equilibrio individual, sino también el colectivo.

El chamán también tiene un papel importante en el activismo medioambiental, ya que la protección de la naturaleza es intrínseca a su práctica. En la actualidad, muchos chamanes participan en movimientos para la preservación de los ecosistemas, la defensa de los derechos de la Tierra y la concienciación sobre los efectos del cambio climático. A través de ceremonias y rituales realizados en lugares sagrados o en áreas afectadas por la destrucción ambiental, el chamán no solo busca la sanación espiritual de la Tierra, sino que también educa a la comunidad sobre la importancia de mantener una relación respetuosa y sostenible con el entorno natural. El chamán, en este sentido, se convierte en un defensor activo de la ecología y un guardián de la Madre Tierra.

La sanación de conflictos es otro aspecto importante del trabajo del chamán en la comunidad moderna. Ya sea en disputas familiares, problemas laborales o conflictos comunitarios, el chamán puede actuar como mediador, utilizando su habilidad para percibir las energías y su conocimiento de los rituales de reconciliación. El uso de ceremonias de perdón y limpieza energética puede ayudar a liberar la tensión acumulada y a transformar la energía negativa en comprensión y unidad. El chamán facilita un espacio sagrado donde las partes involucradas pueden expresar sus sentimientos y buscar soluciones armoniosas, favoreciendo la restauración de la paz y la cohesión social.

En los tiempos actuales, el chamán puede desempeñar un papel educativo, brindando talleres, charlas y cursos sobre prácticas chamánicas, conexión con la naturaleza y sanación energética. A través de estas actividades, se democratiza el conocimiento espiritual, permitiendo que más personas accedan a herramientas prácticas para mejorar su bienestar y calidad de vida. La enseñanza de técnicas como la meditación, el uso de plantas medicinales o la interpretación de sueños no solo empodera a los individuos, sino que también fomenta una mayor consciencia colectiva sobre la importancia de cuidar el equilibrio energético y espiritual.

La aplicación de prácticas de sanación en grupos es una adaptación que el chamán puede hacer en entornos modernos, como en talleres de crecimiento personal, retiros espirituales o terapias de grupo. Trabajar con grupos permite al chamán abordar el campo energético colectivo, sanando tanto a nivel individual como comunitario. Las ceremonias grupales amplifican la energía sanadora y pueden ser especialmente efectivas para trabajar con temas compartidos, como el duelo, la ansiedad o el sentimiento de desconexión. A través de la participación en rituales, los asistentes experimentan una sensación de pertenencia y apoyo mutuo que puede ser transformadora.

El chamán moderno también puede adaptarse al uso de tecnologías de comunicación para compartir sus conocimientos y prácticas con un público más amplio. A través de plataformas digitales, el chamán puede ofrecer meditaciones guiadas, rituales virtuales, enseñanzas sobre prácticas espirituales o incluso consultas a distancia. Aunque el trabajo presencial es insustituible en ciertos aspectos, la tecnología permite expandir el alcance del chamanismo, llegando a personas que, de otro modo, no tendrían acceso a estas prácticas. Sin embargo, es fundamental que el chamán mantenga la ética y la autenticidad en el uso de estas herramientas, asegurando que el conocimiento sea transmitido de manera responsable.

La adaptación de rituales tradicionales para diferentes contextos es una habilidad esencial del chamán en la comunidad contemporánea. Las prácticas chamánicas no deben ser estáticas, sino que deben evolucionar para mantenerse relevantes y efectivas. Por ejemplo, un ritual de limpieza energética que tradicionalmente se realizaba en un entorno natural puede adaptarse para llevarse a cabo en espacios urbanos, utilizando elementos simbólicos que representen la naturaleza, como piedras, agua o plantas. El chamán debe ser creativo y flexible, respetando la esencia de las prácticas ancestrales mientras las adapta a las necesidades actuales de la comunidad.

El chamán, en su papel moderno, también puede servir como puente entre las tradiciones indígenas y la sociedad occidental, compartiendo conocimientos ancestrales en un contexto que fomente el respeto y la comprensión mutua. Esto implica educar a las personas sobre la importancia de honrar las raíces culturales del chamanismo y evitar la apropiación cultural. El chamán puede colaborar con organizaciones, escuelas o grupos espirituales para promover un enfoque respetuoso hacia las prácticas tradicionales, asegurando que el conocimiento se transmita con integridad y que se reconozca el valor de las culturas de origen.

Finalmente, el papel del chamán en la comunidad moderna se centra en facilitar la conexión con lo sagrado en la vida cotidiana. En un mundo cada vez más acelerado y materialista, el chamán puede recordar a las personas la importancia de encontrar momentos de espiritualidad en sus actividades diarias, ya sea a través de la meditación, la contemplación de la naturaleza o pequeños rituales personales. Al integrar lo sagrado en la vida diaria, las personas pueden experimentar una mayor sensación de propósito y bienestar, lo que contribuye al equilibrio no solo a nivel individual, sino también en la comunidad y en el mundo en general.

El chamán, entonces, sigue siendo un pilar fundamental en la vida comunitaria, adaptándose a los tiempos sin perder su esencia. Su labor en la sociedad actual no solo abarca la sanación espiritual y la preservación de la sabiduría ancestral, sino también la capacidad de guiar a la comunidad hacia una vida más equilibrada y conectada con lo sagrado. Al evolucionar con la sociedad, el chamanismo continúa ofreciendo caminos para la sanación, la transformación y la reconexión con el espíritu, adaptando su sabiduría a las necesidades cambiantes del ser humano y su entorno.

Capítulo 13
Sueños y Visiones

En el chamanismo, los sueños y las visiones se consideran vías importantes para acceder a la sabiduría espiritual y la sanación. Estas experiencias no se interpretan simplemente como procesos internos de la mente, sino como comunicaciones con el mundo espiritual y manifestaciones del inconsciente profundo. Los sueños y visiones proporcionan mensajes, advertencias, orientación y pueden actuar como portales hacia otras realidades o dimensiones.

Los sueños son vistos en el chamanismo como una forma de viaje del alma, durante el cual el espíritu se desplaza fuera del cuerpo físico para interactuar con diferentes planos de existencia. Durante el sueño, el individuo puede recibir mensajes de guías espirituales, ancestros o animales de poder, así como acceder a conocimiento oculto o percibir eventos futuros. El chamán o practicante chamánico aprende a reconocer los sueños significativos, que suelen estar marcados por un sentimiento de intensidad, claridad o una sensación de "realidad aumentada" en comparación con los sueños cotidianos.

Para recordar y trabajar con los sueños de manera efectiva, es fundamental desarrollar el hábito de registrar los sueños de inmediato al despertar. El uso de un diario de sueños permite capturar detalles que pueden parecer insignificantes al principio, pero que a menudo contienen información valiosa para la interpretación. El chamán puede guiar al practicante en la forma de escribir sus sueños, prestando atención a los símbolos, emociones, colores, personas y animales que aparecen. Con el tiempo, se pueden identificar patrones recurrentes o mensajes que indican la necesidad de acciones específicas en la vida cotidiana.

En la interpretación chamánica de los sueños, cada elemento del sueño puede ser visto como un símbolo con múltiples significados, dependiendo del contexto del sueño y la vida del soñador. Por ejemplo, soñar con un río puede representar un flujo emocional, un cambio importante o incluso la necesidad de purificación. Sin embargo, la interpretación precisa se basa en la experiencia personal del soñador y en su conexión con los símbolos específicos. El chamán ayuda a desentrañar estos significados utilizando su conocimiento de la simbología chamánica, su intuición y a veces incluso realizando un viaje chamánico para obtener más información.

Además de los sueños, las visiones son experiencias que se pueden inducir conscientemente en estados alterados de conciencia, ya sea a través de la meditación, el uso de plantas sagradas o el trabajo con tambores y cánticos. Las visiones chamánicas son entendidas como viajes espirituales en los que el alma o la conciencia del chamán se proyecta hacia otras realidades para buscar respuestas, orientación o sanación. Durante estas experiencias, el chamán puede interactuar con guías espirituales, recibir mensajes importantes o acceder a información sobre el estado energético de una persona o de la comunidad.

Inducir visiones de forma segura y efectiva requiere preparación y conocimiento de las técnicas adecuadas. Una práctica común para inducir visiones es el uso del tambor, cuyo ritmo constante y repetitivo ayuda a llevar la mente a un estado de trance. La frecuencia del tambor se sintoniza con las ondas cerebrales que corresponden a estados meditativos profundos, permitiendo al chamán entrar en un estado de conciencia alterada donde puede recibir visiones. La intención con la que se aborda la experiencia es crucial, ya que enfocar la mente en una pregunta o en un propósito específico puede guiar la dirección de la visión.

El uso de plantas sagradas, como la ayahuasca, el San Pedro o el peyote, también ha sido tradicionalmente parte del chamanismo para inducir visiones. Estas plantas son consideradas maestras, y se cree que su espíritu tiene la capacidad de abrir portales hacia otros reinos de la existencia. Sin embargo, su uso requiere un profundo respeto y debe ser guiado por alguien con experiencia, ya que pueden llevar al practicante a enfrentar aspectos profundos del inconsciente o dimensiones espirituales que pueden ser abrumadoras. La preparación adecuada, la guía de un chamán experimentado y la integración posterior de la experiencia son esenciales para que el uso de plantas sagradas sea una herramienta de sanación y no solo una experiencia visionaria.

Los animales de poder a menudo aparecen en los sueños y visiones, proporcionando mensajes específicos o enseñanzas importantes. En la práctica chamánica, cada animal tiene cualidades simbólicas que pueden reflejar aspectos del alma del soñador o enseñarle lecciones sobre cómo manejar su vida. Por ejemplo, la aparición de un lobo en un sueño podría indicar la necesidad de confiar en la intuición, mientras que un águila puede simbolizar la capacidad de ver las cosas desde una perspectiva más amplia. El chamán puede ayudar al practicante a entender las cualidades del animal que aparece en sus sueños o visiones y cómo trabajar con su energía para resolver problemas o avanzar en su camino espiritual.

La práctica de la incubación de sueños es una técnica utilizada para buscar respuestas a preguntas específicas o para recibir orientación sobre un tema particular. Antes de dormir, el practicante establece una intención clara para su sueño, pidiendo al mundo espiritual o a sus guías que le envíen un mensaje o le muestren una visión. Este acto de intención consciente actúa como una "semilla" que se planta en el inconsciente, lo que aumenta la probabilidad de recibir un sueño significativo. La clave de la incubación de sueños es la claridad de la intención y la práctica constante, ya que la habilidad para obtener respuestas a través de los sueños mejora con el tiempo.

El chamanismo también reconoce los sueños lúcidos como una herramienta poderosa para la sanación y el autoconocimiento. Los sueños lúcidos son aquellos en los que el soñador es consciente de que está soñando y puede influir en el desarrollo del sueño. En un contexto chamánico, los sueños lúcidos permiten al practicante entrar en contacto directo con los espíritus o visitar lugares sagrados en el plano espiritual. La práctica de la lucidez en los sueños puede ser desarrollada mediante técnicas específicas, como la repetición de afirmaciones antes de dormir, la observación de señales en el sueño que indican que se está soñando o la realización de ejercicios de realidad durante el día.

En la tradición chamánica, se considera que algunos sueños no son solo experiencias personales, sino mensajes para la comunidad o incluso advertencias sobre eventos futuros. Los chamanes que tienen sueños premonitorios pueden recibir información sobre cambios en el clima, enfermedades que pueden afectar a la comunidad o conflictos inminentes. En estos casos, el chamán comparte el sueño con la comunidad y puede realizar rituales específicos para prepararse o prevenir el evento percibido. Este tipo de sueños colectivos son vistos como parte de la conexión entre el individuo, la comunidad y el entorno, demostrando la interrelación de todos los aspectos de la vida.

Trabajar con sueños y visiones en la práctica chamánica no es solo un proceso de interpretación, sino también de integración y acción. Después de recibir un mensaje en un sueño o una visión, el practicante debe considerar cómo aplicar esa información en su vida cotidiana. El chamán puede sugerir rituales específicos para honrar el mensaje, como la creación de un altar, la realización de un acto simbólico o la adopción de un nuevo hábito. Integrar las enseñanzas de los sueños y visiones fortalece la conexión con el mundo espiritual y permite que la sabiduría recibida se manifieste de manera práctica en la vida diaria.

En la práctica chamánica, los sueños y las visiones no son meras fantasías o ilusiones, sino puertas que se abren hacia la verdad más profunda del ser y el universo. Explorar estas puertas con el conocimiento adecuado y la guía de un chamán experimentado puede llevar a transformaciones significativas y a una comprensión más completa de la naturaleza espiritual de la vida. Al prestar atención a los mensajes que se reciben en estos estados, se aprende a vivir con mayor conciencia y a alinearse con el flujo sagrado de la existencia, reconociendo que la realidad es mucho más vasta y misteriosa de lo que se percibe a simple vista.

La práctica chamánica de trabajar con sueños y visiones se profundiza al explorar métodos para inducir sueños lúcidos, utilizar visiones para la toma de decisiones importantes y registrar y reflexionar sobre estas experiencias. El chamanismo enseña que los sueños y visiones son herramientas valiosas para la sanación y el autoconocimiento, y con una práctica adecuada, estas experiencias pueden ser inducidas y dirigidas de manera consciente para obtener orientación espiritual y resolver problemas.

Inducir sueños lúcidos es una habilidad que permite al soñador ser consciente de que está soñando y, a menudo, influir en el curso del sueño. Esta capacidad puede ser cultivada mediante técnicas específicas que preparan la mente y el cuerpo para alcanzar la lucidez durante el sueño. Una de las técnicas más utilizadas es la repetición de afirmaciones antes de dormir, tales como "Reconoceré cuando esté soñando" o "Tendré un sueño lúcido esta noche". Esta práctica, combinada con la intención de tener un sueño lúcido, actúa como un ancla que ayuda a la mente a despertar dentro del sueño. Durante el día, el chamán puede recomendar ejercicios de realidad, que consisten en preguntarse frecuentemente si se está soñando y observar el entorno para detectar cualquier señal de que uno podría estar en un sueño.

La práctica de los sueños lúcidos en el chamanismo va más allá del simple control del sueño; se trata de explorar el mundo espiritual y contactar con guías, animales de poder o ancestros de manera consciente. Una vez que el soñador alcanza la lucidez, puede establecer una intención clara de comunicarse con un guía espiritual o visitar un lugar sagrado en el sueño. En este estado, es posible recibir mensajes o visiones que pueden ser difíciles de acceder en la conciencia ordinaria. El chamán puede enseñar al practicante a mantener la calma durante el sueño lúcido, ya que las emociones intensas pueden hacer que el soñador despierte abruptamente.

Las visiones no solo se presentan durante el sueño o en estados alterados de conciencia, sino que también pueden ser provocadas deliberadamente para obtener orientación en la toma de decisiones importantes. El chamán puede recomendar el uso de técnicas de meditación profunda o de inducción de estados visionarios con el tambor para buscar respuestas a preguntas específicas o para recibir claridad sobre una situación. Durante estas visiones, el chamán establece una intención clara de obtener información sobre un tema particular y deja que la experiencia se desarrolle naturalmente, confiando en que el mundo espiritual proporcionará la información necesaria.

El uso de plantas sagradas para inducir visiones sigue siendo una práctica tradicional en muchas culturas chamánicas, pero siempre debe hacerse con profundo respeto y con la guía de un chamán experimentado. Las plantas como la ayahuasca, el San Pedro o el peyote son conocidas por su capacidad para abrir la percepción a dimensiones más allá de lo físico. Estas experiencias pueden proporcionar visiones que revelan aspectos ocultos de la realidad o enseñanzas que el practicante necesita para su desarrollo espiritual. Sin embargo, el chamán enfatiza la importancia de la preparación y la integración de la experiencia, ya que las visiones obtenidas pueden ser intensas y requieren tiempo para ser comprendidas y aplicadas en la vida diaria.

Registrar las experiencias de sueños y visiones es una práctica esencial en el chamanismo, ya que permite al practicante reflexionar sobre los mensajes recibidos y rastrear patrones o símbolos recurrentes a lo largo del tiempo. Llevar un diario de sueños y visiones ayuda a capturar los detalles de las experiencias inmediatamente después de que ocurren, cuando la memoria está más fresca. El chamán puede guiar al practicante en la interpretación de estos registros, buscando conexiones entre las experiencias oníricas y los eventos de la vida cotidiana o los desafíos personales. La revisión periódica del diario puede revelar temas importantes que el practicante necesita abordar o integrar.

La integración de los mensajes recibidos en sueños y visiones es un paso crucial para que estas experiencias sean útiles en la vida cotidiana. El chamán puede recomendar rituales o actos simbólicos para honrar la enseñanza recibida, como la creación de un altar con objetos que representan el contenido del sueño o la realización de una ceremonia de agradecimiento. Además, es importante tomar acciones concretas que alineen la vida diaria con los mensajes o las enseñanzas del sueño o visión, ya que esto refuerza la conexión con el mundo espiritual y muestra una disposición a seguir las guías recibidas.

Las visiones chamánicas también se utilizan para abordar temas de sanación física o emocional. El chamán, al entrar en un estado visionario, puede recibir información sobre el origen de una enfermedad o sobre las emociones que están contribuyendo al malestar de una persona. En algunos casos, las visiones revelan la necesidad de trabajar con ciertas plantas medicinales, realizar rituales específicos o hacer cambios en el estilo de vida. Esta información se usa para complementar otras prácticas de sanación y proporciona una comprensión más profunda del proceso de curación, ya que aborda no solo los síntomas, sino también las causas subyacentes en el plano espiritual.

Las visiones también pueden proporcionar una comprensión más amplia de la conexión entre el individuo, la comunidad y el entorno. A través de visiones, el chamán puede percibir desequilibrios en el mundo natural o en la energía de la comunidad, lo que le permite realizar rituales de sanación para restaurar la armonía. Estas experiencias revelan que los problemas individuales no siempre son aislados, sino que a menudo reflejan desequilibrios en el entorno colectivo. Por lo tanto, la sanación a través de visiones no solo beneficia al individuo, sino también a la comunidad y al mundo natural.

En algunos casos, los sueños o visiones pueden ser perturbadores o contener imágenes inquietantes. El chamanismo enseña que estos sueños no deben ser temidos, sino entendidos como llamadas de atención o advertencias sobre aspectos de la vida que necesitan ser abordados. El chamán puede guiar al practicante en la interpretación de estos sueños difíciles, ayudándole a comprender el simbolismo y a trabajar con la energía detrás de las imágenes. Los rituales de limpieza o protección pueden ser recomendados si la visión sugiere la presencia de energías negativas o influencias externas que están afectando al practicante.

El trabajo con sueños y visiones también puede ser utilizado para explorar vidas pasadas o experiencias ancestrales. En el chamanismo, se cree que los sueños pueden revelar memorias del alma que provienen de vidas anteriores o del linaje familiar. Estas experiencias pueden ofrecer comprensión sobre patrones repetitivos en la vida actual o sobre traumas ancestrales que necesitan ser sanados. El chamán puede facilitar rituales específicos para la sanación de estas memorias, permitiendo que la energía bloqueada se libere y el individuo pueda avanzar sin cargas del pasado.

Finalmente, el chamanismo enseña que el mundo de los sueños y las visiones es una dimensión de realidad tan válida como el mundo físico. La práctica constante de trabajar con estos estados de conciencia expandidos permite al individuo vivir con una mayor conexión con lo sagrado y una comprensión más profunda de la naturaleza del ser. Al integrar las enseñanzas de los sueños y visiones, se aprende a ver la vida como un camino espiritual continuo, donde cada experiencia es una oportunidad para crecer, sanar y despertar a una realidad más amplia y significativa.

El uso de sueños y visiones en el chamanismo no es un mero ejercicio de introspección, sino una forma de establecer un diálogo activo con el mundo espiritual. Al aprender a navegar estos estados de conciencia, el practicante accede a una fuente inagotable de sabiduría, guía y sanación que enriquece todos los aspectos de la vida. Esta práctica permite abrir los ojos a los misterios de la existencia, donde la realidad cotidiana y el mundo espiritual se entrelazan en una danza eterna de significado y transformación.

Capítulo 14
Trabajo con Elementos Naturales

El chamanismo enseña que los elementos naturales —tierra, agua, fuego y aire— son fuerzas sagradas que no solo sustentan la vida, sino que también poseen cualidades espirituales y energéticas que pueden ser utilizadas en la sanación y el equilibrio del ser. Cada elemento representa diferentes aspectos de la existencia y del alma humana, y trabajar con ellos permite al chamán y al practicante reconectar con la esencia de la naturaleza y aprovechar sus poderes curativos.

La tierra es vista en el chamanismo como la madre nutriente que sustenta la vida. Representa la estabilidad, la abundancia, el cuerpo físico y la conexión con lo material. Trabajar con la energía de la tierra implica entrar en contacto directo con la naturaleza, como caminar descalzo sobre el suelo, meditar en un bosque o utilizar piedras y cristales en rituales de sanación. Los chamanes también emplean tierra sagrada, arcillas o sales para realizar limpiezas energéticas y ayudar a las personas a anclarse cuando sienten que han perdido el equilibrio o se encuentran dispersas. La tierra es también el elemento del sustento, y su energía puede ser utilizada para manifestar prosperidad o abundancia en la vida.

En el chamanismo, el agua es considerada el elemento de la purificación, las emociones y la fluidez. Simboliza la capacidad de adaptarse y fluir con los cambios, así como la necesidad de limpieza emocional y espiritual. Las prácticas con el agua incluyen baños rituales con hierbas sagradas, sahumerios con agua de mar o ríos y la colocación de cuencos de agua en altares para atraer la energía de la curación. El chamán puede guiar a los practicantes en meditaciones junto a fuentes de agua, como ríos, lagos o el mar, para facilitar la liberación de emociones reprimidas o energías negativas acumuladas. Además, el agua es utilizada en rituales de consagración y bendición para invocar la protección y la guía espiritual.

El fuego, en el chamanismo, simboliza la transformación, la fuerza vital y el espíritu. Es el elemento que tiene el poder de transmutar las energías densas en luz y purificar lo que ha sido contaminado. Los rituales con fuego incluyen ceremonias de quema de ofrendas, sahumerios con hierbas secas o resinas, y la meditación frente a la llama de una vela o una fogata. El chamán utiliza el fuego para quemar simbolismos de cosas que necesitan ser liberadas, ya sean emociones, hábitos o energías no deseadas. Esta práctica no solo purifica, sino que también da lugar a un nuevo comienzo, simbolizando el renacimiento y la renovación.

El aire es el elemento de la mente, el pensamiento y la comunicación. En el chamanismo, el aire se asocia con el aliento de la vida, la sabiduría y la libertad. Las prácticas con el aire pueden incluir la utilización del viento para purificar el aura o la visualización de una corriente de aire que lleva consigo las preocupaciones y energías negativas. El chamán también usa plumas para dirigir la energía durante los rituales, moviendo el aire de una manera específica para limpiar y equilibrar el campo energético del paciente. Los cánticos y mantras son otra forma de trabajar con el aire, ya que el sonido y la vibración se transmiten a través del espacio, afectando tanto al cuerpo físico como al espiritual.

Para el chamán, no solo los elementos en sí mismos son sagrados, sino también la interrelación entre ellos. El equilibrio de los cuatro elementos en la vida de una persona es fundamental para mantener la armonía y el bienestar. Cuando un elemento está en exceso o en deficiencia, puede manifestarse como un desequilibrio físico, emocional o energético. Por ejemplo, un exceso de tierra podría llevar a la rigidez o la falta de flexibilidad, mientras que la falta de agua podría traducirse en problemas emocionales o una desconexión con los propios sentimientos. El chamán trabaja para diagnosticar y restaurar el equilibrio de los elementos en el cuerpo y en la vida del individuo.

Los altares elementales son una práctica chamánica común para honrar y trabajar con los elementos. En un altar elemental, se colocan representaciones simbólicas de cada uno de los elementos, como una piedra para la tierra, un cuenco de agua, una vela para el fuego y una pluma para el aire. El chamán puede utilizar este altar para pedir guía, protección o para realizar rituales específicos de sanación. Cada elemento en el altar se activa a través de oraciones, cánticos o invocaciones, llamando a los espíritus de la naturaleza para que asistan en el trabajo espiritual. Este enfoque ceremonial refuerza la conexión con los elementos y potencia la intención del practicante.

El trabajo con los elementos en el chamanismo también puede incluir prácticas de movimiento, como danzas que representan el flujo de los elementos o posturas corporales específicas que canalizan sus energías. Estas danzas y movimientos ayudan a integrar las cualidades de cada elemento en el cuerpo físico y en el campo energético. Por ejemplo, un baile lento y conectado al suelo puede fortalecer la conexión con la tierra, mientras que movimientos rápidos y fluidos pueden evocar el agua y ayudar a liberar emociones. A través del movimiento, el chamán y el practicante expresan el equilibrio y la armonía de los elementos dentro de ellos mismos.

El uso de plantas y hierbas es una forma de trabajar con los elementos en la sanación chamánica, ya que cada planta está conectada a un elemento en particular y puede ser utilizada para equilibrar sus cualidades. Las plantas que crecen cerca del agua, como el sauce, están relacionadas con el elemento agua y se utilizan para la sanación emocional y la limpieza. Las plantas asociadas al fuego, como el tabaco o el romero, se queman en sahumerios para purificación y transformación. El chamán selecciona las plantas según el desequilibrio que percibe y las utiliza en rituales que buscan restaurar el flujo natural de la energía en el cuerpo.

El trabajo con elementos también puede ser aplicado en la sanación del entorno natural y en la reconexión con la Tierra. El chamán realiza ceremonias en lugares sagrados, como montañas, ríos o cuevas, para restaurar el equilibrio energético del lugar y agradecer a los espíritus de la naturaleza por su protección y apoyo. Estas prácticas no solo ayudan al entorno, sino que también fortalecen el vínculo del chamán y la comunidad con la Tierra, recordándoles su papel como guardianes del equilibrio natural. La sanación de la Tierra es vista como una responsabilidad compartida, y el trabajo con los elementos es una forma de mantener viva esta relación sagrada.

Al integrar los elementos en la práctica chamánica, se abre un camino de reconexión profunda con la naturaleza y con la esencia misma del ser. Los elementos son maestros que enseñan sobre la vida, la muerte, el cambio y la constancia. Trabajar con ellos permite al chamán y al practicante encontrar equilibrio en su camino espiritual, aprender a fluir con las circunstancias de la vida y utilizar el poder de la naturaleza para sanar y transformar. Esta relación íntima con los elementos es una fuente de sabiduría ancestral que sigue siendo relevante y poderosa en el mundo moderno, ofreciendo herramientas prácticas para la sanación integral y la conexión espiritual.

La profundización en el trabajo con los elementos naturales implica el uso de rituales y prácticas específicas para cada uno, reconociendo que cada elemento tiene una energía única que puede ser aprovechada para promover la sanación, el equilibrio y el bienestar integral. El chamanismo nos recuerda que el ser humano es un microcosmos de la naturaleza, y mantener la armonía entre los elementos es esencial para la salud física, emocional y espiritual.

Trabajar con el elemento tierra en rituales chamánicos involucra prácticas que conectan directamente con la naturaleza física, como la siembra intencional, la creación de mandalas de piedras o la construcción de altares al aire libre. Un ritual específico para honrar la tierra podría incluir enterrar una ofrenda simbólica, como semillas o cristales, pidiendo al espíritu de la tierra que proporcione estabilidad y sustento. La intención detrás de estos actos es agradecer y devolver algo a la tierra, reconociendo su papel como madre y nutriente. Para equilibrar la energía de la tierra en la vida cotidiana, se recomienda practicar actividades que conecten el cuerpo con el suelo, como caminar descalzo o pasar tiempo en contacto con la naturaleza.

El uso del agua en prácticas chamánicas puede implicar la realización de ceremonias de purificación, como baños rituales con hierbas sagradas o el uso de agua consagrada para limpiar objetos, espacios y personas. Un ritual típico de limpieza con agua puede llevarse a cabo en una fuente natural, donde el chamán guía al practicante en la inmersión del cuerpo en el agua, visualizando que las energías negativas son arrastradas por la corriente. Para mantener el equilibrio del elemento agua en la vida cotidiana, se aconseja el consumo consciente de agua, el uso de infusiones herbales para purificar el cuerpo y la práctica de ejercicios acuáticos para fomentar la fluidez emocional.

En el trabajo con el fuego, los rituales chamánicos se centran en la transformación y la transmutación de energías densas en luz y claridad. Un ritual de fuego puede incluir la quema de objetos simbólicos, como hojas de papel en las que se han escrito intenciones o aspectos de la vida que el practicante desea dejar atrás. El chamán puede dirigir el ritual hacia la liberación de viejas energías, permitiendo que el fuego actúe como un agente de cambio y renovación. En la vida diaria, se puede mantener el equilibrio del fuego encendiendo velas con intención, practicando meditaciones frente a la llama o realizando movimientos físicos que activen la vitalidad interna.

El aire, como elemento asociado a la mente y al aliento de la vida, puede ser trabajado en rituales que incluyan el uso de plumas para mover y limpiar la energía, o la recitación de cánticos y mantras para liberar pensamientos negativos. Un ritual con el aire podría realizarse en un lugar alto, como una colina o una montaña, donde se invoca al viento para llevar las preocupaciones lejos. Para equilibrar el aire en la vida diaria, se recomienda practicar ejercicios de respiración consciente, cantar o tocar instrumentos de viento, y prestar atención a la calidad del aire en los espacios donde se vive, asegurando que sea limpio y renovado.

La combinación de los cuatro elementos en un solo ritual es una práctica poderosa en el chamanismo, ya que permite trabajar con la totalidad del ser y de la naturaleza. Por ejemplo, un ritual de sanación podría comenzar encendiendo una vela (fuego), pasando una pluma sobre el cuerpo del paciente (aire), rociando agua consagrada (agua) y finalizando con la imposición de una piedra o cristal sobre el cuerpo (tierra). La intención es equilibrar las energías de los cuatro elementos para restaurar la armonía y proporcionar una sanación integral. El chamán guía el proceso, asegurándose de que cada elemento sea honrado y utilizado en su función sanadora.

El chamanismo también enseña prácticas específicas para restablecer el equilibrio de los elementos cuando uno de ellos predomina o está en deficiencia. Si una persona tiene un exceso de energía de fuego, manifestándose en comportamientos impulsivos o irritación, el chamán puede recomendar prácticas de tierra para calmar y anclar. Si hay una falta de agua, evidenciada por rigidez emocional o desconexión, se pueden sugerir rituales de purificación con agua y ejercicios que fomenten la apertura emocional. Cada elemento tiene cualidades que pueden ser utilizadas para equilibrar las fuerzas dentro del ser humano, y el chamán personaliza las prácticas según las necesidades específicas del individuo.

El trabajo con elementos naturales también se extiende a la sanación del entorno, donde el chamán realiza ceremonias para purificar y restaurar el equilibrio de la tierra, los cuerpos de agua, el aire y las fuentes de fuego natural, como los volcanes. Estas ceremonias no solo benefician el entorno inmediato, sino que también fortalecen la conexión entre la comunidad y el mundo natural, recordándoles la importancia de actuar como guardianes de la Tierra. Los rituales de ofrenda y gratitud a los elementos, como enterrar ofrendas en la tierra o arrojar flores al agua, son formas tradicionales de mantener una relación recíproca con la naturaleza.

Los elementos no solo se relacionan con aspectos externos del entorno, sino también con los centros energéticos internos del cuerpo, o chakras. En la práctica chamánica, se puede trabajar con los elementos para equilibrar los chakras, utilizando rituales específicos que combinan el uso de cristales, colores y meditaciones. Por ejemplo, el chakra raíz, relacionado con la tierra, puede ser equilibrado mediante la práctica de conexión con el suelo o el uso de piedras como el jaspe rojo. El chakra del plexo solar, asociado al fuego, puede ser energizado con prácticas de movimiento que activen la fuerza vital. Este enfoque integrador ayuda a alinear el cuerpo, la mente y el espíritu.

El uso de herramientas rituales específicas, como tambores, maracas, plumas, cristales y cuencos, puede ser dirigido a canalizar las energías de los elementos en el trabajo chamánico. Cada herramienta tiene una conexión con un elemento particular y puede ser utilizada para potenciar la práctica. Los tambores, por ejemplo, están vinculados a la tierra y se utilizan para crear ritmos que conectan con la energía del planeta. Las plumas, relacionadas con el aire, ayudan a limpiar el campo energético. Utilizar estas herramientas con intención y conocimiento refuerza la efectividad de los rituales y facilita la conexión con los elementos.

El aprendizaje sobre los elementos y su aplicación en la práctica chamánica no solo beneficia al individuo, sino que también fortalece la comunidad y su relación con el entorno. Los chamanes enseñan a los miembros de la comunidad cómo trabajar con los elementos en rituales familiares o colectivos, promoviendo una espiritualidad que integra la vida diaria con el respeto por la naturaleza. Esta educación espiritual es esencial para mantener las tradiciones vivas y para asegurar que las generaciones futuras sigan honrando y protegiendo los elementos naturales.

El trabajo con los elementos naturales en el chamanismo es un camino de conocimiento y sanación que invita a reconocer la interconexión entre el ser humano y la naturaleza. Al comprender y aplicar las cualidades de cada elemento, se aprende a vivir en armonía con las fuerzas universales, a utilizar sus energías para la transformación personal y colectiva, y a honrar el papel sagrado de la naturaleza en la vida humana. Este camino no solo busca el equilibrio interno, sino también la sanación de la Tierra, recordando que todo lo que afecta al entorno también influye en el bienestar del alma.

Capítulo 15
Prácticas Avanzadas de Curación

Las prácticas avanzadas de curación chamánica son técnicas más profundas y especializadas que requieren un alto nivel de conocimiento, preparación y conexión con el mundo espiritual. Estas prácticas incluyen métodos como cirugías espirituales, transmutación de energías y el trabajo con entidades espirituales complejas. A diferencia de las técnicas básicas, que se centran en el reequilibrio de la energía o la limpieza del aura, las prácticas avanzadas abordan problemas más arraigados o intrusivos en el campo energético, a menudo relacionados con traumas severos, bloqueos persistentes o influencias espirituales externas.

La cirugía espiritual es una práctica avanzada en la que el chamán, en un estado alterado de conciencia, actúa como un canal para extraer o transformar energías negativas profundamente incrustadas en el cuerpo energético de una persona. Durante la cirugía espiritual, el chamán puede percibir estas energías como densas, oscuras o perturbadoras, y las extrae con la ayuda de herramientas rituales como cristales, plumas, cuchillos ceremoniales o incluso solo con las manos. Este proceso no implica intervención física, sino que se realiza en el plano energético, eliminando la causa subyacente de síntomas físicos, emocionales o espirituales que no responden a otros métodos de curación.

Para realizar una cirugía espiritual, es esencial que el chamán tenga una relación sólida y confiable con sus guías espirituales, quienes proporcionan protección y orientación durante el proceso. La cirugía se lleva a cabo en un espacio ceremonial sagrado, con los rituales de preparación adecuados para asegurar que el entorno esté purificado y protegido contra influencias externas. El chamán puede utilizar cánticos, tambores o instrumentos para inducir un estado de trance y acceder al campo energético del paciente. Durante la cirugía, es común que el chamán reciba visiones o mensajes sobre la naturaleza de la energía extraída, lo cual proporciona información adicional sobre el origen del problema.

La transmutación de energías es otra práctica avanzada utilizada para transformar energías negativas o densas en formas más ligeras y curativas. A diferencia de la simple extracción, que elimina la energía perturbadora, la transmutación implica cambiar la naturaleza de esa energía para que se vuelva beneficiosa. Por ejemplo, una energía emocional densa como la ira o la tristeza puede ser transmutada en fuerza vital o claridad mental. El chamán utiliza la intención consciente, visualizaciones y herramientas rituales para dirigir el proceso de transmutación, a menudo visualizando un "fuego espiritual" en el que las energías densas se queman y se transforman en luz.

El trabajo con entidades espirituales es una práctica que requiere un manejo avanzado del campo energético y una sólida protección espiritual. En algunos casos, las energías negativas que afectan a una persona pueden estar relacionadas con entidades intrusas, a menudo llamadas "espíritus perdidos" o "entidades oscuras", que se adhieren al campo energético y causan desequilibrio. El chamán puede realizar un "exorcismo" o liberación de estas entidades mediante rituales específicos que incluyen cánticos, el uso de objetos sagrados y la invocación de guías protectores. Es fundamental abordar este trabajo con respeto, ya que estas entidades también son consideradas como parte del mundo espiritual y deben ser tratadas de manera que no generen daño.

La técnica de extracción chamánica es una forma especializada de cirugía espiritual en la que se eliminan intrusiones energéticas específicas del campo energético del paciente. Estas intrusiones pueden haber sido causadas por traumas, emociones reprimidas o incluso influencias externas, y suelen manifestarse como bloqueos en áreas específicas del cuerpo. Durante la extracción, el chamán identifica la ubicación de la intrusión y, utilizando herramientas rituales o las manos, retira la energía intrusiva, liberando el flujo energético natural. Después de la extracción, es importante llenar el espacio vacío con energía positiva para evitar que la intrusión regrese.

El uso de "cirugías" y "exorcismos" chamánicos no es literal; el lenguaje es simbólico y describe procesos energéticos y espirituales en lugar de intervenciones físicas. Es crucial que el chamán tenga una comprensión profunda de la naturaleza de la energía y los distintos niveles de existencia. Los riesgos asociados a estas prácticas incluyen la posibilidad de que el chamán absorba parte de la energía perturbadora o que la entidad liberada busque aferrarse a otra persona. Por esta razón, la preparación del chamán y el uso de técnicas de protección son fundamentales para la seguridad de todos los involucrados.

La canalización de energía de alta frecuencia es otra técnica avanzada utilizada para restaurar la salud y el equilibrio. En este proceso, el chamán actúa como un "canal" o mediador, permitiendo que la energía curativa fluya a través de su cuerpo hacia el paciente. Esta energía puede ser visualizada como luz, calor o vibración, y se dirige hacia áreas específicas del cuerpo o el campo energético que requieren sanación. La canalización de energía de alta frecuencia es especialmente efectiva para revitalizar áreas del cuerpo que han sufrido desgaste debido a enfermedades crónicas o a la falta de vitalidad.

Otra práctica avanzada en el chamanismo es la intervención en el "cuerpo de luz" o aura de una persona. El chamán puede trabajar en las capas energéticas sutiles para reparar grietas, sellar fugas energéticas o fortalecer el campo áurico. Estas intervenciones ayudan a mantener la integridad energética del individuo y a prevenir la entrada de influencias externas. Durante la sanación del cuerpo de luz, el chamán utiliza técnicas de visualización y herramientas rituales como cristales y plumas, que ayudan a mover y equilibrar la energía en las capas sutiles. La sanación del cuerpo de luz es crucial para mantener un estado de bienestar a largo plazo.

La transmutación de karma es una práctica chamánica que implica la transformación de patrones energéticos o conductas que se han repetido a lo largo del tiempo y que pueden estar afectando la vida actual del individuo. En el chamanismo, se cree que algunas experiencias dolorosas o bloqueos pueden tener raíces en vidas pasadas o en el linaje ancestral. El chamán realiza un trabajo energético profundo para identificar y liberar estos patrones, facilitando así una transformación que permita al individuo avanzar sin las limitaciones del pasado. La transmutación de karma es una forma de limpiar el "registro energético" y abrir caminos hacia nuevas oportunidades.

La preparación adecuada para realizar estas prácticas avanzadas incluye rituales de purificación, la creación de un espacio sagrado, y la conexión con guías y protectores espirituales que asistan durante el trabajo. El chamán también debe estar en un estado mental y físico óptimo para canalizar la energía necesaria y manejar las posibles influencias espirituales. Es importante que las prácticas avanzadas se realicen con ética, respeto y la intención de servir al bien mayor. Estas técnicas no deben ser utilizadas para manipular a otros o para obtener poder personal.

Finalmente, las prácticas avanzadas de curación chamánica son herramientas poderosas que pueden proporcionar una sanación profunda y duradera. Sin embargo, requieren un compromiso continuo con el aprendizaje y el crecimiento espiritual del chamán. La dedicación al desarrollo personal y la práctica ética son esenciales para garantizar que el trabajo de sanación sea efectivo y seguro. Estas técnicas avanzadas no son para todos, y deben ser aprendidas y practicadas bajo la guía de chamanes experimentados. Cuando se aplican correctamente, pueden transformar vidas, sanar heridas profundas y liberar al individuo de bloqueos energéticos que han persistido durante años.

La continuación de las prácticas avanzadas de curación chamánica se enfoca en detallar los riesgos, las precauciones necesarias y cómo llevar a cabo estas técnicas de manera segura y ética. A medida que se profundiza en métodos como la cirugía espiritual, la transmutación de energías, y el trabajo con entidades o patrones kármicos, es fundamental que el chamán cuente con una comprensión profunda de los principios energéticos y espirituales involucrados, así como con la experiencia necesaria para manejar situaciones complejas.

Uno de los riesgos más significativos en las prácticas avanzadas de curación es la posibilidad de que el chamán absorba energías negativas o se vea afectado por entidades con las que entra en contacto. Para evitarlo, es esencial el uso de técnicas de protección energética, como la creación de escudos visualizados, el uso de cristales de protección, o el sahumerio con plantas sagradas como el copal o la salvia. Antes de comenzar una sesión, el chamán debe realizar rituales de preparación, tales como la limpieza energética de su propio campo áurico y la invocación de guías protectores. Estas medidas no solo protegen al chamán, sino que también crean un espacio seguro para el paciente.

La importancia de la preparación del espacio sagrado no puede ser subestimada. El lugar donde se realizan las prácticas avanzadas debe ser purificado y consagrado mediante rituales que incluyan sahumerios, cánticos o la colocación de objetos sagrados como altares, cristales y plumas. El espacio debe ser delimitado, marcando un círculo sagrado que actúa como una barrera contra influencias externas. Durante la sesión, el chamán también puede utilizar música de tambores o cánticos para mantener la energía elevada y sostener un estado de trance seguro, lo que facilita el acceso a dimensiones espirituales de manera controlada.

En las cirugías espirituales, una precaución importante es evitar causar desequilibrios energéticos en el paciente al extraer una intrusión sin rellenar el vacío con energía positiva. Después de la extracción de una intrusión o de una entidad, el chamán debe canalizar energía de alta frecuencia o "luz" para llenar el espacio y promover la sanación. Esta práctica asegura que el paciente no experimente una recaída o una sensación de pérdida de energía. También es recomendable realizar un sellado energético del área tratada, utilizando técnicas de visualización o el uso de cristales específicos para cerrar cualquier apertura en el campo energético.

Cuando se trabaja con la transmutación de energías, es crucial tener en cuenta la naturaleza de la energía que se va a transformar y la intención detrás del proceso. La transmutación requiere un enfoque consciente y la capacidad de manejar energías intensas sin ser abrumado por ellas. Por ejemplo, en la transmutación de una emoción fuerte como la ira, el chamán puede guiar al paciente en una visualización donde la ira se convierte en fuego que se consume a sí mismo, para luego transformarse en luz cálida y calmante. El chamán debe monitorear continuamente la reacción del paciente durante el proceso, adaptando la técnica si es necesario para evitar una sobrecarga emocional o energética.

El trabajo con entidades requiere un enfoque meticuloso y respetuoso. Si el chamán detecta la presencia de una entidad intrusa en el campo energético del paciente, debe proceder con cuidado para identificar su naturaleza y la razón por la cual está allí. En algunos casos, estas entidades son simplemente espíritus perdidos que buscan ayuda para cruzar al otro lado, mientras que en otros, pueden estar ligadas a traumas o pactos no resueltos. La liberación de estas entidades se realiza mejor mediante la invocación de guías espirituales o protectores, quienes asisten en la transición de la entidad a su lugar adecuado en el mundo espiritual.

Los casos que involucran patrones kármicos o energías de vidas pasadas también deben abordarse con cautela. La transmutación de karma implica reconocer patrones energéticos o lecciones no aprendidas que pueden estar afectando la vida actual. El chamán puede ayudar al paciente a liberar estas energías mediante rituales específicos, como la quema de representaciones simbólicas de estos patrones (por ejemplo, quemar un papel en el que se haya escrito el aspecto que se desea transmutar) o el uso de piedras sagradas para absorber y transformar el karma negativo. Es importante que el paciente participe activamente en el proceso, reconociendo la lección que se necesita aprender y tomando medidas conscientes para evitar la repetición del patrón.

El uso de herramientas rituales, como cristales, plumas, cuchillos ceremoniales y cuencos, es especialmente relevante en las prácticas avanzadas, ya que ayudan a canalizar y dirigir la energía de manera precisa. Por ejemplo, un cuchillo ceremonial puede ser utilizado para "cortar" lazos energéticos con situaciones o personas que ya no son beneficiosas, mientras que los cristales pueden ser programados para actuar como protectores energéticos o para atraer energía curativa hacia áreas específicas. Es fundamental que el chamán mantenga sus herramientas limpias y consagradas, ya que acumulan la energía de los rituales y deben ser purificadas regularmente.

Las prácticas avanzadas también requieren una evaluación continua del progreso del paciente. Después de la sesión, el chamán debe proporcionar recomendaciones para la integración de la sanación en la vida diaria del paciente. Esto puede incluir ejercicios de respiración, meditación, baños rituales con hierbas o el uso de amuletos protectores. La integración es crucial para asegurar que la sanación obtenida durante la práctica se mantenga y se profundice con el tiempo. También es recomendable realizar seguimientos periódicos para evaluar la evolución del proceso de sanación y realizar ajustes si es necesario.

La ética es un pilar central en el uso de prácticas avanzadas de curación chamánica. El chamán debe actuar siempre con la intención de servir al bien mayor y con el consentimiento informado del paciente. Nunca se deben forzar prácticas sobre alguien, y es importante explicar claramente los métodos utilizados, sus beneficios y posibles riesgos. Además, el chamán debe ser consciente de sus propios límites y no asumir casos para los que no se sienta completamente preparado. En tales situaciones, es mejor derivar al paciente a otro chamán o sanador con la experiencia adecuada.

Finalmente, la preparación y el auto-cuidado del chamán son fundamentales para el éxito en las prácticas avanzadas. Es importante que el chamán mantenga una práctica regular de limpieza energética y conexión espiritual para estar en las mejores condiciones posibles para ayudar a otros. Practicar la meditación, mantener una dieta equilibrada y realizar rituales de protección personal refuerzan la energía del chamán y le permiten canalizar energía de alta frecuencia sin agotarse. Al cuidar su propio campo energético, el chamán puede ofrecer un servicio más efectivo y seguro a aquellos que buscan su ayuda.

Las prácticas avanzadas de curación chamánica representan un viaje profundo y poderoso hacia la sanación y la transformación. Cuando se realizan con el conocimiento adecuado, el respeto y el enfoque ético, estas técnicas pueden liberar energías atrapadas, sanar heridas profundas y facilitar la evolución espiritual. No obstante, deben abordarse con humildad y un compromiso constante con el aprendizaje, ya que cada experiencia ofrece una oportunidad para expandir la comprensión del mundo espiritual y de las energías que nos rodean.

Capítulo 16
Integración de las Prácticas Chamánicas en la Vida Cotidiana

Integrar las prácticas chamánicas en la vida cotidiana implica convertir la curación y la conexión espiritual en un camino de vida continuo. El chamanismo no se limita a ceremonias específicas o sesiones de sanación aisladas; más bien, busca que la persona viva en constante armonía con la naturaleza, las energías espirituales y consigo misma.

Un paso fundamental para integrar las prácticas chamánicas es establecer rituales diarios que fortalezcan la conexión espiritual. Estos rituales no tienen que ser complejos; pueden incluir momentos de meditación, el encendido de una vela con una intención específica, o simplemente la expresión de gratitud al comenzar y terminar el día. La clave es que estos actos se realicen con plena conciencia y con la intención de honrar la energía vital. Al hacer de estos rituales una parte rutinaria de la vida, se cultiva una relación más cercana con el mundo espiritual y se mantiene el equilibrio energético.

La creación de un espacio sagrado en casa puede ser una herramienta poderosa para anclar las prácticas chamánicas en el entorno diario. Un pequeño altar o rincón sagrado dedicado a la conexión espiritual puede incluir elementos simbólicos de los cuatro elementos, cristales, imágenes de animales de poder, plumas o cualquier objeto significativo. Este espacio sirve como un lugar para la meditación, la reflexión o la realización de rituales. Al dedicar tiempo cada día a estar en este lugar sagrado, se fortalece la intención espiritual y se fomenta un ambiente de paz y conexión.

El uso consciente de plantas medicinales en la vida diaria también forma parte de la integración chamánica. Las infusiones de hierbas, los baños rituales y el uso de sahumerios ayudan a limpiar el campo energético y a equilibrar el cuerpo y la mente. Incorporar prácticas de sanación con plantas, como tomar una infusión de lavanda para calmar la ansiedad o utilizar un baño de romero para revitalizar el cuerpo, permite aprovechar los beneficios curativos de la naturaleza. Es importante tratar estas plantas con respeto, agradeciendo su energía y utilizándolas de manera consciente para reforzar la conexión con la Tierra.

La práctica de la observación consciente de la naturaleza es otra forma poderosa de mantener la conexión chamánica en la vida cotidiana. Esto implica estar atento a los ciclos de la naturaleza, como las fases de la luna, el cambio de las estaciones y los movimientos de los animales. Al sincronizar las actividades y rituales con estos ciclos, se alinean las energías personales con las fuerzas naturales, facilitando un flujo armonioso. Por ejemplo, realizar ceremonias de limpieza durante la luna nueva o meditar junto a un río en la primavera puede intensificar la energía del ritual y conectar profundamente con las fuerzas naturales.

La respiración consciente es una práctica sencilla pero muy efectiva para integrar el chamanismo en el día a día. Tomarse unos minutos para realizar respiraciones profundas, visualizando cómo la energía vital entra y sale del cuerpo, ayuda a mantener el equilibrio energético y a liberar tensiones acumuladas. Esta práctica puede realizarse en cualquier momento del día, ya sea al despertar, durante una pausa en el trabajo o antes de dormir. La respiración consciente no solo centra la mente, sino que también actúa como un puente hacia estados más profundos de conexión espiritual.

El uso de la música y el canto es otra forma de incorporar el chamanismo en la vida cotidiana. Cantar cánticos tradicionales o improvisar sonidos que sientan alineados con la energía del momento puede ser una forma poderosa de conectar con el espíritu. Los tambores, maracas o flautas también pueden ser utilizados para crear un ambiente sagrado y mover la energía. La música chamánica no solo se reserva para ceremonias; se puede emplear como una herramienta para el equilibrio personal, para inducir estados meditativos o para crear una atmósfera sanadora en el hogar.

El trabajo con los sueños es una práctica chamánica que puede integrarse en la rutina diaria a través de la interpretación de los sueños y la práctica de la incubación de sueños. Mantener un diario de sueños y reflexionar sobre ellos cada mañana ayuda a captar mensajes del inconsciente y del mundo espiritual. La incubación de sueños, en la cual se establece una intención específica antes de dormir, puede ser utilizada para buscar respuestas a problemas o recibir orientación. Al prestar atención a los sueños, se mantiene una conexión activa con la dimensión espiritual y se permite que la sabiduría del alma guíe la vida diaria.

El acto de dar y recibir es otro principio chamánico que se puede aplicar cotidianamente. Practicar la reciprocidad, ya sea haciendo ofrendas a la naturaleza, ayudando a otros sin esperar nada a cambio o simplemente expresando gratitud, refuerza el flujo de la energía vital. La reciprocidad no solo beneficia al receptor; también equilibra la energía del dador, promoviendo un ciclo saludable de intercambio. En la práctica diaria, esto puede manifestarse al dejar pequeñas ofrendas en lugares naturales, como granos, flores o agua, para agradecer la protección y la abundancia recibida.

La limpieza energética regular del hogar y del espacio de trabajo es una práctica esencial para mantener la armonía. Sahumar con plantas como la salvia, el palo santo o el cedro ayuda a eliminar energías negativas y a crear un entorno propicio para el bienestar. Esta práctica no solo tiene efectos sobre el espacio físico, sino que también limpia el campo energético de las personas que habitan o trabajan en el lugar. Realizar estas limpiezas con regularidad, por ejemplo, una vez por semana o al finalizar un período estresante, contribuye a mantener un flujo energético positivo.

La atención plena al presente es una práctica chamánica que invita a vivir cada momento con conciencia. En lugar de apresurarse en la rutina diaria, se recomienda tomar pausas para observar, sentir y agradecer lo que ocurre en cada instante. Esta práctica puede aplicarse al comer, caminando, o al interactuar con los demás. La atención plena permite estar en sintonía con las energías sutiles del entorno y captar señales del mundo espiritual que, de otro modo, pasarían desapercibidas. Al vivir con atención plena, se abre un espacio para la sanación continua y la conexión con lo sagrado en lo cotidiano.

La visualización creativa es otra herramienta para integrar las prácticas chamánicas en la vida diaria. Esta técnica consiste en utilizar la imaginación para conectarse con los guías espirituales, realizar viajes chamánicos en estado meditativo o crear escudos energéticos protectores. La visualización puede practicarse en cualquier momento del día, especialmente cuando se siente la necesidad de protección o sanación. Al hacer de la visualización una práctica regular, se fortalecen las habilidades chamánicas y se facilita el acceso a estados profundos de conciencia.

La integración de las prácticas chamánicas en la vida diaria no solo se trata de rituales o técnicas, sino de adoptar una actitud espiritual hacia la vida. Esto implica ver cada experiencia como una lección, cada persona como un maestro y cada día como una oportunidad para crecer y sanar. El chamanismo enseña que la vida misma es un ritual sagrado, y vivir con esta conciencia transforma la manera en que se perciben y abordan los desafíos. La conexión constante con lo sagrado permite que la curación sea un proceso continuo, presente en cada acción y pensamiento.

Al integrar estas prácticas en la vida cotidiana, el chamanismo deja de ser algo separado de la realidad diaria y se convierte en una forma de vivir en equilibrio, conexión y sanación. Los beneficios de este enfoque son profundos, ya que no solo promueven el bienestar individual, sino que también extienden la sanación al entorno y a la comunidad. Vivir en armonía con los principios chamánicos es reconocer que cada acto, por pequeño que sea, tiene un impacto en el tejido de la vida y que cada uno tiene el poder de contribuir al equilibrio del mundo.

La profundización en la integración de las prácticas chamánicas en la vida cotidiana abarca cómo enfrentar desafíos y bloqueos en el camino espiritual, y cómo mantener una práctica consistente y significativa. Cuando se adoptan las enseñanzas chamánicas en la vida diaria, es común que surjan obstáculos o periodos de estancamiento que pueden afectar el compromiso con el camino espiritual.

Uno de los principales desafíos en la integración de las prácticas chamánicas es mantener la motivación cuando la vida cotidiana se vuelve agitada o estresante. En tales momentos, es importante simplificar las prácticas para que sean manejables y accesibles. En lugar de rituales complejos, se puede optar por pequeños actos diarios que mantengan la conexión espiritual, como unos minutos de respiración consciente, una breve oración de gratitud o encender una vela con intención. La clave está en ser constante, incluso si la práctica es breve, para que la conexión no se pierda y la espiritualidad siga presente en la vida diaria.

Los bloqueos energéticos o emocionales son desafíos comunes en el camino espiritual. Estos pueden manifestarse como falta de motivación, sentimientos de estancamiento o incluso experiencias de desconexión con el mundo espiritual. En estos casos, el uso de rituales de limpieza energética, como baños con hierbas sagradas o sahumerios, puede ser útil para desbloquear y renovar el flujo de energía. El chamán puede recomendar la práctica de "sacudidas energéticas", un ritual en el que se utiliza el movimiento corporal para liberar tensiones acumuladas, sacudiendo los brazos, las piernas y el cuerpo mientras se visualiza la eliminación de las energías densas.

La autoevaluación es una herramienta importante para lidiar con bloqueos en la práctica chamánica. Es recomendable que el practicante reflexione sobre sus experiencias recientes, emociones y pensamientos, con el objetivo de identificar qué áreas requieren atención. Un diario espiritual puede ser utilizado para registrar estos insights y planificar cómo reequilibrar la energía. Al observar con honestidad los propios desafíos, se abren caminos hacia la sanación y el crecimiento. En este proceso, el chamán o guía espiritual puede ofrecer orientación adicional para trabajar con patrones de pensamiento limitantes o situaciones difíciles.

Los rituales de renovación son prácticas específicas que se realizan en momentos de estancamiento o transición para revitalizar la energía y reactivar la conexión espiritual. Estos rituales pueden ser ceremonias que involucren todos los elementos naturales, como una caminata consciente en la naturaleza combinada con la ofrenda de flores o granos a la tierra. El objetivo de estos rituales es simbolizar un nuevo comienzo y liberar lo que ya no sirve, abriendo espacio para la energía fresca. La renovación también puede incluir limpiar el espacio físico, reorganizar el altar sagrado o consagrar nuevamente las herramientas rituales.

Mantener la consistencia en la práctica chamánica también implica establecer un calendario de rituales periódicos. Por ejemplo, realizar ceremonias de limpieza energética al inicio de cada mes, establecer un tiempo semanal para meditar o llevar a cabo una ceremonia de agradecimiento durante cada cambio de estación. La regularidad en estas prácticas no solo refuerza el compromiso espiritual, sino que también crea un ritmo natural que sintoniza la vida con los ciclos de la naturaleza. La incorporación de estos rituales en la rutina ayuda a que la práctica chamánica sea una parte natural y continua de la vida diaria.

Otro aspecto clave en la integración de las prácticas chamánicas es la capacidad de adaptarlas a diferentes contextos y situaciones. El chamanismo no es una práctica rígida, y puede ajustarse según las circunstancias. Por ejemplo, si una persona viaja y no tiene acceso a su espacio sagrado o herramientas rituales, puede adaptar la práctica realizando meditaciones en silencio o utilizando elementos naturales disponibles en el entorno, como piedras o ramas. La flexibilidad permite que la conexión espiritual se mantenga, independientemente de las circunstancias externas.

El trabajo con la comunidad es una forma poderosa de reforzar el compromiso con el camino chamánico. Participar en ceremonias grupales, círculos de sanación o actividades que promuevan la conexión con la naturaleza fortalece el sentido de propósito y pertenencia. Compartir experiencias con otros practicantes y recibir apoyo mutuo puede ser inspirador, especialmente en momentos de dificultad. La comunidad no solo proporciona un espacio para aprender, sino también para enseñar, ya que compartir conocimientos y habilidades con otros es una forma de profundizar en la propia práctica.

El establecimiento de límites energéticos es esencial para evitar el agotamiento o la sobrecarga, especialmente cuando se realiza trabajo chamánico para otros. El chamán debe aprender a reconocer cuándo es necesario tomar un descanso para recargar su propia energía. Esto puede implicar tomarse días de descanso de las prácticas chamánicas, realizar actividades que no estén relacionadas con la sanación o dedicar tiempo a hobbies y actividades recreativas. La recuperación es una parte integral del camino espiritual y permite que el chamán continúe su trabajo con vitalidad y claridad.

El uso de símbolos y objetos de poder en la vida diaria ayuda a mantener la conexión espiritual. Estos pueden incluir amuletos, collares, plumas o piedras que actúan como recordatorios físicos de la intención chamánica. Llevar un amuleto consagrado o colocar una piedra protectora en el lugar de trabajo son maneras de anclar la energía chamánica en el entorno diario. Estos objetos no solo protegen y fortalecen el campo energético, sino que también sirven como puntos de enfoque para la intención espiritual.

La práctica de la gratitud es una de las formas más sencillas y efectivas de mantener la conexión con el camino chamánico. Dedicar unos momentos cada día para expresar gratitud, ya sea a la naturaleza, a los guías espirituales, o a la vida en general, ayuda a elevar la vibración y a mantener una actitud positiva. La gratitud no solo beneficia a quien la practica, sino que también tiene un efecto amplificador en el entorno, irradiando energía positiva hacia el espacio y las personas que lo rodean.

Para mantener la práctica chamánica consistente y efectiva, es fundamental cultivar la humildad y la apertura al aprendizaje continuo. El chamanismo es un camino de crecimiento constante, donde siempre hay nuevas capas de conocimiento por explorar y experiencias por integrar. Al acercarse a la práctica con humildad, el practicante se mantiene receptivo a la sabiduría de los ancestros, los espíritus y la naturaleza. Participar en cursos, talleres o retiros, así como consultar a chamanes con más experiencia, son maneras de profundizar el conocimiento y enriquecer la práctica personal.

Finalmente, el camino chamánico implica un compromiso constante con la sanación y la evolución personal. Aceptar los desafíos, los bloqueos y las oportunidades de aprendizaje como parte del proceso es fundamental para una integración exitosa. La práctica diaria y la adaptación a los cambios de la vida fortalecen la conexión con el espíritu, permitiendo que el chamanismo se manifieste no solo en momentos específicos, sino en cada aspecto de la existencia. La transformación personal es un reflejo del trabajo chamánico constante, y vivir con esta conciencia es reconocer que la vida misma es un viaje sagrado.

Capítulo 17
Ética y Responsabilidad en la Práctica Chamánica

La práctica chamánica, con su capacidad para afectar profundamente el bienestar espiritual, emocional y físico de las personas, conlleva una gran responsabilidad. El chamán, como mediador entre el mundo espiritual y la realidad física, debe actuar con integridad y adherirse a principios éticos que guíen su trabajo.

Uno de los principios fundamentales de la ética chamánica es el consentimiento informado. Antes de llevar a cabo cualquier práctica de sanación, es crucial que el chamán explique al paciente los métodos que se utilizarán, los posibles beneficios y riesgos, así como los objetivos del proceso. El paciente debe tener la libertad de aceptar o rechazar la intervención sin presión alguna. El consentimiento informado no solo aplica a las prácticas físicas, sino también a los trabajos energéticos o espirituales, donde la intención del chamán puede influir en el campo energético del paciente. Obtener este consentimiento demuestra respeto por el libre albedrío y la autonomía del individuo.

La confidencialidad es otro aspecto clave de la ética chamánica. Las sesiones de sanación a menudo revelan aspectos profundamente personales y vulnerables de la vida del paciente. El chamán tiene la responsabilidad de mantener la privacidad de la información compartida durante estas sesiones, al igual que lo haría un terapeuta o médico. La confidencialidad fortalece la relación de confianza entre el chamán y el paciente, creando un espacio seguro donde el paciente puede compartir abiertamente sus problemas y necesidades. La única excepción a la confidencialidad podría darse en situaciones donde haya riesgo para la seguridad del paciente o de terceros.

La integridad en la práctica chamánica también implica evitar prometer resultados específicos o garantizar curaciones milagrosas. El chamanismo es un camino de sanación que puede proporcionar beneficios profundos, pero no es una cura infalible. Cada individuo tiene un proceso único de sanación y evolución, y es importante que el chamán reconozca los límites de su trabajo. En lugar de hacer promesas exageradas, el chamán debe centrarse en ofrecer apoyo espiritual y energético, dejando en claro que los resultados dependen del compromiso del paciente y del proceso de la vida misma.

El manejo adecuado del poder espiritual es un componente crítico en la ética chamánica. Los chamanes trabajan con energías poderosas y, a menudo, con la intervención de guías espirituales o fuerzas sagradas. Es fundamental que utilicen este poder de manera responsable, sin aprovecharse de la vulnerabilidad del paciente ni buscar gratificación personal a través del trabajo espiritual. El abuso de poder, como intentar controlar o manipular a alguien mediante prácticas espirituales, es contrario a los principios chamánicos y puede tener consecuencias graves tanto para el chamán como para el paciente.

La transparencia en la relación chamán-paciente también es esencial. El chamán debe ser honesto acerca de su nivel de experiencia, sus capacidades y cualquier posible limitación en su trabajo. Esto incluye la disposición a derivar a pacientes a otros sanadores o profesionales de la salud cuando el caso lo requiera. Reconocer los propios límites no es un signo de debilidad, sino una muestra de responsabilidad y respeto hacia el paciente. La colaboración con otros profesionales, como médicos o terapeutas, puede ser necesaria para ofrecer un enfoque integral a la sanación.

El respeto por las tradiciones ancestrales es un principio ético importante en el chamanismo. Cada cultura tiene sus propias prácticas y creencias chamánicas, y es vital que el chamán respete estas diferencias y no se apropie indebidamente de prácticas que pertenecen a otras tradiciones sin comprender su contexto cultural y espiritual. La apropiación cultural, que implica el uso de prácticas espirituales fuera de su contexto original sin el debido respeto, puede causar daño y distorsionar el propósito sagrado de esas tradiciones. El chamán debe estar siempre consciente del origen de las técnicas que emplea y tratarlas con el debido honor y reverencia.

La responsabilidad ética también incluye el autocuidado del chamán. Practicar la sanación chamánica puede ser demandante y, en ocasiones, agotar el campo energético del chamán. Es importante que el chamán mantenga una rutina de limpieza y protección energética, así como prácticas regulares de autocuidado físico y emocional. Cuidar la propia energía no solo protege al chamán, sino que también asegura que pueda ofrecer un trabajo de calidad y con integridad. La fatiga o el agotamiento pueden afectar la capacidad del chamán para trabajar con claridad y eficacia, lo que podría poner en riesgo tanto al chamán como al paciente.

Otra consideración ética importante es el reconocimiento del "sufrimiento compartido". El chamán no solo busca eliminar el sufrimiento, sino también entender su papel en el crecimiento y la transformación. Sin embargo, debe tener cuidado de no proyectar sus propias experiencias o creencias personales en el proceso del paciente. Cada persona tiene un camino único, y es esencial que el chamán permita que el paciente descubra sus propias lecciones y sabiduría, en lugar de imponer una interpretación o dirección particular. La sanación chamánica es una co-creación entre el chamán, el paciente y el mundo espiritual.

El uso de herramientas y plantas sagradas también requiere una práctica ética. Cuando se utilizan plantas de poder, como la ayahuasca, el peyote o el San Pedro, es fundamental que el chamán tenga un conocimiento profundo de sus efectos y que estas plantas sean administradas con el debido respeto y en un contexto ceremonial adecuado. Además, el chamán debe asegurarse de que el uso de estas plantas sea legal y culturalmente apropiado en su entorno. La administración irresponsable de plantas sagradas puede causar daño físico, emocional o espiritual al paciente, y es contrario a los principios chamánicos de sanación.

Finalmente, la ética en la práctica chamánica se extiende al respeto por la naturaleza y el entorno. El chamanismo enseña que todos los seres están interconectados, y que la salud del individuo está ligada al bienestar del planeta. Por lo tanto, el chamán tiene la responsabilidad de actuar como guardián de la naturaleza, realizando rituales y prácticas que respeten y honren el equilibrio de los ecosistemas. Esto puede incluir la realización de ceremonias de sanación para la tierra, el uso sostenible de plantas medicinales y la promoción de prácticas que fomenten la armonía con la naturaleza.

La ética y la responsabilidad en la práctica chamánica son pilares esenciales para asegurar que el trabajo de sanación se realice de manera segura, efectiva y respetuosa. Estos principios no solo protegen al paciente, sino también al chamán, asegurando que las prácticas mantengan su propósito sagrado y se alineen con las enseñanzas ancestrales. La adhesión a un código ético claro refuerza la integridad del chamanismo y su capacidad para proporcionar sanación profunda y duradera.

La profundización en los principios éticos de la práctica chamánica abarca orientaciones específicas para lidiar con dilemas morales y situaciones complejas que pueden surgir durante el trabajo de sanación. A medida que los chamanes interactúan con pacientes en situaciones diversas, es crucial que mantengan un enfoque centrado en el bienestar del individuo y la integridad del proceso espiritual.

Enfrentar dilemas morales en la práctica chamánica puede implicar tomar decisiones difíciles respecto a los límites del trabajo espiritual. Por ejemplo, si un paciente solicita una práctica que el chamán considera inadecuada o potencialmente dañina, es responsabilidad del chamán explicar con claridad las razones para no proceder y ofrecer alternativas que sean seguras y alineadas con los principios chamánicos. El chamán debe priorizar la seguridad y el bienestar del paciente, incluso si esto significa rechazar una solicitud o recomendar otra forma de sanación.

En ocasiones, el chamán puede encontrarse con situaciones en las que el paciente tiene expectativas poco realistas sobre lo que la sanación chamánica puede lograr. Es fundamental abordar estas expectativas desde el inicio, explicando que el chamanismo no es una solución mágica, sino un camino de sanación que involucra trabajo personal y un proceso gradual. Dejar en claro que el paciente también tiene un papel activo en su sanación puede evitar malentendidos y frustraciones. Además, el chamán debe ser honesto sobre los límites de su propia práctica, reconociendo que no todas las condiciones pueden ser tratadas con métodos chamánicos.

El manejo de conflictos de interés es otro aspecto importante de la ética chamánica. Si el chamán tiene una relación personal cercana con el paciente, puede ser difícil mantener la objetividad necesaria para la sanación. En tales casos, lo más apropiado puede ser derivar al paciente a otro chamán o sanador, evitando así posibles influencias emocionales que puedan interferir con el trabajo espiritual. La imparcialidad es fundamental para que el proceso de sanación se realice en un entorno de confianza y objetividad.

El uso de herramientas como tambores, cristales, plantas sagradas o cualquier otro objeto ritual también debe considerarse desde una perspectiva ética. Es vital que el chamán trabaje solo con herramientas que sean culturalmente apropiadas y que posea un conocimiento adecuado sobre su uso y sus efectos. Si se utilizan plantas de poder, el chamán debe tener una formación exhaustiva en su administración y estar preparado para manejar posibles reacciones físicas o emocionales del paciente. El uso inadecuado de herramientas rituales puede ser peligroso y es contrario a los principios de seguridad y respeto que rigen la práctica chamánica.

En situaciones donde el paciente presenta problemas de salud mental graves, como depresión severa, ansiedad crónica o trastornos psicóticos, es importante que el chamán trabaje en conjunto con profesionales de la salud mental. El chamanismo puede complementar las terapias convencionales, pero no reemplazarlas en casos donde se requiere intervención médica o psicológica. Es necesario evaluar si la práctica chamánica es adecuada para el paciente en ese momento y, de ser así, coordinar con los profesionales correspondientes para ofrecer un enfoque integral de sanación.

Cuando se realizan prácticas que involucran la intervención con entidades espirituales o la extracción de energías negativas, es crucial establecer protocolos de seguridad para proteger tanto al paciente como al chamán. Estas prácticas pueden ser intensas y conllevan riesgos si no se manejan adecuadamente. El chamán debe estar preparado para lidiar con energías fuertes y asegurarse de que el entorno esté consagrado y protegido. Además, el paciente debe ser informado de lo que implica el proceso y se le deben proporcionar herramientas para mantener su protección energética después de la sesión.

La supervisión y la guía por parte de chamanes experimentados es una práctica ética valiosa, especialmente para aquellos que están comenzando en el camino chamánico. La formación continua y la supervisión ayudan a mantener la calidad de la práctica y a enfrentar situaciones complejas con el apoyo de alguien más experimentado. Los chamanes más experimentados pueden ofrecer consejos sobre cómo manejar dilemas éticos, guiar el crecimiento espiritual del chamán y proporcionar un marco seguro para la práctica. Esta orientación asegura que los principios éticos sean respetados y que el chamán se desarrolle de manera adecuada.

El respeto por la autonomía del paciente es fundamental en la práctica chamánica. El chamán nunca debe imponer una práctica o interpretación específica sobre el paciente. Es importante que el paciente tenga el derecho de decidir qué prácticas acepta y cuáles rechaza. El chamán puede ofrecer orientación, pero siempre debe respetar las decisiones y creencias del paciente, incluso si difieren de las suyas propias. El trabajo de sanación es un proceso colaborativo y el respeto por el libre albedrío es esencial para mantener la integridad del proceso.

El reconocimiento del impacto que puede tener el trabajo chamánico en la comunidad también forma parte de la responsabilidad ética. El chamán tiene un papel como líder espiritual en muchas culturas, y sus acciones pueden influir en el bienestar de la comunidad en general. Por lo tanto, es vital actuar con una conducta que promueva la armonía, el respeto mutuo y el bienestar colectivo. Participar en ceremonias públicas, ofrecer orientación en momentos de crisis y educar a la comunidad sobre prácticas espirituales son formas de servir éticamente como chamán, respetando siempre las normas culturales y espirituales del grupo al que se pertenece.

El trabajo con niños y personas vulnerables en la práctica chamánica requiere precauciones adicionales. Siempre es necesario obtener el consentimiento de los padres o tutores y asegurarse de que el entorno sea seguro y adecuado para el individuo. Las prácticas chamánicas deben adaptarse para ser apropiadas a la edad y la situación del paciente. La transparencia con los padres o tutores sobre el proceso y sus objetivos también es esencial para asegurar un enfoque ético y responsable.

Por último, la autointegridad y el compromiso continuo con la propia sanación son fundamentales para cualquier chamán. El chamán debe ser un ejemplo de equilibrio y conexión espiritual, lo cual requiere un compromiso constante con su propio crecimiento y sanación. Participar en retiros espirituales, recibir sanación de otros chamanes y continuar aprendiendo son formas de asegurar que el chamán mantenga una práctica ética y poderosa. La dedicación al desarrollo personal no solo beneficia al chamán, sino también a los pacientes y a la comunidad en general, ya que asegura que el chamán esté en condiciones óptimas para guiar a otros.

La ética y la responsabilidad en la práctica chamánica no son simples recomendaciones, sino principios esenciales que protegen la integridad del trabajo espiritual. Al adherirse a estos principios, los chamanes honran el sagrado camino de la sanación, asegurando que sus acciones beneficien verdaderamente a los pacientes, a la comunidad y al mundo espiritual. La ética en el chamanismo no solo protege a quienes reciben la sanación, sino que también refuerza la legitimidad y el respeto por esta antigua práctica en el contexto moderno.

Capítulo 18
El Futuro del Chamanismo

El chamanismo, como una de las tradiciones espirituales más antiguas del mundo, ha demostrado su capacidad de adaptación y supervivencia a lo largo de los siglos. A medida que la sociedad moderna experimenta cambios significativos, es natural que la práctica chamánica también evolucione para mantenerse relevante y accesible.

En la sociedad moderna, hay un creciente interés por prácticas que promuevan el bienestar integral, y el chamanismo se presenta como una opción que conecta lo espiritual con lo físico. La búsqueda de alternativas a la medicina convencional y el interés por las terapias holísticas han llevado a muchas personas a explorar el chamanismo como un camino para la sanación personal. A medida que las personas se desconectan de las tradiciones religiosas convencionales, encuentran en el chamanismo una vía para reconectar con lo sagrado a través de la naturaleza, la energía y la experiencia directa. Esto ha impulsado un resurgimiento de prácticas chamánicas en contextos urbanos y en comunidades que buscan un enfoque más personal y experiencial hacia la espiritualidad.

Sin embargo, la modernización trae consigo desafíos para el chamanismo. La práctica tradicional, que solía ser transmitida de maestro a aprendiz en contextos comunitarios, ahora se enfrenta a una expansión global que implica la enseñanza en formatos nuevos, como cursos en línea, talleres internacionales y retiros. Esto plantea cuestiones sobre la autenticidad y la apropiación cultural, ya que algunas prácticas chamánicas son comercializadas o modificadas fuera de sus contextos originales. Es importante que, en su evolución, el chamanismo mantenga el respeto por las tradiciones ancestrales y que los practicantes sean conscientes de las raíces culturales de las técnicas que emplean.

Los cambios tecnológicos también han influido en el chamanismo contemporáneo. La disponibilidad de información a través de Internet ha democratizado el acceso al conocimiento chamánico, permitiendo que muchas personas aprendan sobre rituales, plantas sagradas y estados alterados de conciencia. Sin embargo, esto también conlleva el riesgo de simplificación o distorsión de las enseñanzas. Para que el chamanismo evolucione de manera saludable, es esencial que los practicantes busquen una formación auténtica, guiada por maestros con experiencia y conocimiento profundo de la tradición. La tecnología puede ser una herramienta valiosa para difundir la práctica, siempre y cuando se utilice con responsabilidad y respeto.

La urbanización y la vida moderna han llevado a una desconexión con la naturaleza, lo que representa un desafío para la práctica chamánica, que se basa en la relación profunda con los elementos naturales y los espíritus de la Tierra. Para mantener su relevancia, el chamanismo debe encontrar formas de adaptarse a entornos urbanos, ofreciendo prácticas que permitan a las personas reconectar con la naturaleza incluso en ciudades. Esto puede incluir rituales que utilicen plantas de interior, meditaciones con visualizaciones de paisajes naturales, o la creación de espacios sagrados en casa. La esencia del chamanismo es la conexión con el mundo natural, y esta puede ser cultivada en cualquier contexto.

El chamanismo moderno también está comenzando a integrarse con otras formas de sanación y prácticas espirituales. La convergencia con el mindfulness, el yoga, la psicología transpersonal y las terapias energéticas ha dado lugar a enfoques híbridos que combinan técnicas tradicionales chamánicas con métodos contemporáneos de bienestar. Este sincretismo puede ser beneficioso, ya que enriquece la práctica con nuevas perspectivas, pero también presenta el reto de preservar la integridad de las enseñanzas chamánicas originales. La clave está en encontrar un equilibrio que permita la integración sin perder el respeto por la autenticidad y las raíces culturales del chamanismo.

Otra tendencia emergente en el chamanismo es el uso de plantas sagradas y enteógenos en contextos terapéuticos. En los últimos años, ha habido un interés renovado por el uso de sustancias como la ayahuasca, el peyote y los hongos psilocibios, no solo con fines espirituales, sino también para tratar condiciones de salud mental como la depresión, la ansiedad y el trastorno de estrés postraumático. Esta tendencia ha llevado a la creación de clínicas y retiros en los que se utiliza la medicina vegetal de manera controlada y supervisada. Aunque esto representa una oportunidad para llevar los beneficios del chamanismo a un público más amplio, también implica riesgos, especialmente en cuanto al uso indebido y la falta de respeto hacia las prácticas ceremoniales tradicionales.

El chamanismo, en su evolución, también puede desempeñar un papel importante en la respuesta a la crisis ambiental actual. Como una práctica que enseña la conexión profunda con la naturaleza, el chamanismo tiene el potencial de inspirar una conciencia ecológica y un sentido de responsabilidad hacia el planeta. Los chamanes pueden actuar como defensores de la tierra, realizando ceremonias para la sanación del medio ambiente, y educando a las personas sobre la importancia de vivir en armonía con la naturaleza. Esta misión ecológica puede ayudar a reorientar la práctica chamánica hacia un propósito más amplio, que incluya no solo la sanación personal, sino también la protección y restauración del equilibrio natural.

La evolución del chamanismo también puede verse influenciada por la globalización y el intercambio cultural. El acceso a diferentes tradiciones chamánicas de todo el mundo ha enriquecido la práctica, permitiendo a los chamanes aprender de una variedad de fuentes y adaptarlas a sus contextos particulares. Sin embargo, es crucial abordar este intercambio con cuidado, evitando la superficialidad o la fusión indiscriminada de prácticas. La integración de elementos de diferentes tradiciones puede ser beneficiosa si se realiza con el debido respeto, comprensión y reconocimiento del origen de cada práctica, asegurando que el chamanismo mantenga su profundidad y autenticidad.

En el futuro, es probable que el chamanismo continúe expandiéndose y adaptándose a las nuevas necesidades y circunstancias del mundo moderno. El reto será mantener la conexión con las raíces ancestrales y el respeto por la sabiduría tradicional, al mismo tiempo que se incorpora la innovación y se responde a los cambios culturales y tecnológicos. El chamanismo tiene la capacidad de ser tanto una práctica espiritual como una herramienta terapéutica, y su papel en el mundo moderno puede incluir la creación de puentes entre lo antiguo y lo nuevo, ofreciendo sanación y orientación en una época de transformación.

El futuro del chamanismo en el mundo moderno depende de su capacidad para evolucionar de manera ética y respetuosa, adaptándose a los cambios sin perder su esencia. La práctica chamánica tiene el potencial de contribuir significativamente a la sanación personal, el bienestar colectivo y la protección del medio ambiente, siempre y cuando los principios tradicionales sean honrados y se busque una evolución consciente y equilibrada.

La evolución del chamanismo continúa profundizando en las tendencias emergentes, con un enfoque en la fusión con otras prácticas espirituales y la adaptación a nuevas realidades culturales y ambientales. El chamanismo, a lo largo de su historia, ha demostrado ser una tradición flexible y resiliente, capaz de absorber influencias externas y transformarse sin perder su esencia.

Una de las principales tendencias emergentes en el chamanismo es la integración con otras prácticas espirituales y terapéuticas. La fusión con disciplinas como el yoga, la meditación, la psicología transpersonal y las terapias energéticas ha llevado al desarrollo de enfoques híbridos que combinan técnicas tradicionales con métodos contemporáneos. Por ejemplo, algunas prácticas chamánicas ahora incorporan el mindfulness para enriquecer la experiencia de sanación, ayudando a los participantes a cultivar la presencia y la conciencia plena durante los rituales. Esta combinación puede intensificar los beneficios de la práctica, ya que ofrece herramientas adicionales para abordar el bienestar holístico.

La adaptación del chamanismo a la psicoterapia es otra tendencia significativa, especialmente en el uso de técnicas chamánicas para el tratamiento de traumas emocionales, depresión y adicciones. En este contexto, el chamanismo actúa como un complemento a la terapia convencional, proporcionando experiencias transformadoras que ayudan a acceder a emociones reprimidas y desbloquear patrones energéticos que contribuyen al sufrimiento. El viaje chamánico, por ejemplo, puede ser utilizado en sesiones terapéuticas para guiar a los pacientes a través de visualizaciones profundas que promuevan la introspección y la sanación. Sin embargo, es crucial que estas prácticas sean guiadas por profesionales capacitados tanto en psicología como en chamanismo, para asegurar la seguridad y la efectividad del proceso.

La adaptación del chamanismo a entornos urbanos también presenta una oportunidad para su evolución. Aunque el chamanismo tradicionalmente ha estado asociado con culturas indígenas y entornos naturales, su práctica en contextos urbanos está creciendo. Para adaptarse a las necesidades de quienes viven en ciudades, se han desarrollado técnicas que no requieren acceso directo a la naturaleza, como la meditación guiada con sonidos de la naturaleza, el uso de tambores y cánticos grabados, y la creación de espacios sagrados en el hogar. Estos enfoques permiten que la esencia del chamanismo se mantenga viva en medio del bullicio de la vida moderna, proporcionando un refugio espiritual para las personas en entornos urbanos.

El chamanismo también está respondiendo al llamado de la crisis ambiental, actuando como una voz para la conciencia ecológica y la protección del planeta. La práctica chamánica enseña que todos los seres están interconectados y que el bienestar de la humanidad depende de la salud de la Tierra. Esta visión ecológica ha llevado a muchos chamanes y practicantes a participar en movimientos de defensa del medio ambiente, realizando ceremonias para sanar la tierra y educando a las comunidades sobre la importancia de vivir en armonía con la naturaleza. Además, el chamanismo puede inspirar prácticas sostenibles, como el uso responsable de plantas medicinales y la promoción de rituales que no dañen los ecosistemas.

La globalización ha facilitado el acceso a diferentes tradiciones chamánicas de todo el mundo, lo que ha enriquecido la práctica contemporánea al permitir un intercambio de conocimientos y técnicas. Sin embargo, esta fusión de tradiciones también conlleva el riesgo de la apropiación cultural y la pérdida de la autenticidad. Es esencial que los practicantes aborden la integración de elementos de diferentes culturas con respeto y comprensión, reconociendo el origen y el significado profundo de cada práctica. Los chamanes deben ser conscientes de la importancia de mantener la integridad de las tradiciones ancestrales y evitar la comercialización o trivialización de prácticas sagradas.

La creciente popularidad de las ceremonias con plantas sagradas, como la ayahuasca y el peyote, plantea tanto oportunidades como desafíos para el futuro del chamanismo. Estas plantas han ganado reconocimiento no solo en contextos espirituales, sino también en la investigación científica, donde se exploran sus beneficios terapéuticos. Sin embargo, el uso masivo de plantas sagradas también ha generado problemas, como la sobreexplotación de recursos naturales, la falta de preparación de algunos facilitadores y el uso indebido en contextos recreativos en lugar de ceremoniales. Para que estas prácticas mantengan su valor espiritual y terapéutico, es necesario un enfoque ético que respete tanto a las plantas como a las comunidades que han protegido estas tradiciones durante siglos.

El chamanismo contemporáneo tiene el potencial de actuar como un puente entre la ciencia y la espiritualidad, especialmente en el campo de la medicina mente-cuerpo. La creciente aceptación de la neurociencia y la psicología integrativa ha abierto puertas para investigar cómo las prácticas chamánicas, como los rituales y los estados alterados de conciencia, pueden influir en la mente y el cuerpo. Investigaciones sobre la neuroplasticidad, los efectos de la meditación y la conexión entre las emociones y el sistema inmunológico sugieren que las prácticas chamánicas podrían tener un impacto tangible en la salud. Esta convergencia de la ciencia y el chamanismo podría conducir a un reconocimiento más amplio de la efectividad de las técnicas chamánicas en la promoción del bienestar integral.

La digitalización y el acceso global a la información han llevado el chamanismo a una nueva etapa, donde los practicantes pueden aprender y conectarse a través de plataformas en línea. Los cursos, seminarios y ceremonias virtuales han hecho posible que personas de diferentes partes del mundo accedan a las enseñanzas chamánicas. Aunque la experiencia virtual nunca podrá reemplazar la conexión directa con la naturaleza o la presencia física en una ceremonia, la digitalización permite que el conocimiento chamánico llegue a audiencias más amplias y pueda ser adaptado a la vida moderna. Es importante, sin embargo, que estas iniciativas en línea mantengan la autenticidad y el respeto por los principios fundamentales del chamanismo.

El chamanismo también tiene un papel relevante en el diálogo intercultural y la reconciliación. En muchas partes del mundo, las prácticas chamánicas han sido marginadas o perseguidas, especialmente en comunidades indígenas que han sufrido colonización y represión cultural. La revitalización del chamanismo puede actuar como una herramienta para la recuperación cultural y la sanación de traumas históricos. Reconocer y apoyar las tradiciones chamánicas indígenas no solo es un acto de justicia cultural, sino también una forma de enriquecer la práctica chamánica global con la sabiduría de sus raíces ancestrales.

En conclusión, el futuro del chamanismo se encuentra en su capacidad de adaptarse a un mundo en constante cambio sin perder su esencia y sus valores fundamentales. La fusión con otras prácticas espirituales, la integración en la terapia moderna, la respuesta a la crisis ambiental y la adaptación a la vida urbana son algunos de los caminos por los que el chamanismo puede evolucionar. Sin embargo, es esencial que los practicantes aborden estas transformaciones con una conciencia ética y un profundo respeto por las tradiciones ancestrales. Al hacerlo, el chamanismo no solo continuará siendo relevante, sino que también contribuirá de manera significativa a la sanación y el equilibrio del individuo, la comunidad y el planeta.

Capítulo 19
Transformación Personal y Despertar Espiritual

El chamanismo ha sido tradicionalmente un camino de transformación profunda, que guía a los individuos hacia un despertar espiritual y un mayor autoconocimiento. A través de prácticas que involucran la conexión con la naturaleza, la sanación energética y el trabajo con guías espirituales, el chamanismo ofrece un enfoque holístico para el crecimiento personal.

Uno de los aspectos centrales del chamanismo es el concepto de renacimiento o transformación. En la cosmovisión chamánica, la transformación personal ocurre a través de la muerte simbólica de viejos patrones y creencias que ya no sirven, lo que da paso al nacimiento de una nueva forma de ser. Este proceso puede experimentarse durante rituales específicos, como el viaje chamánico o las ceremonias con plantas sagradas, donde el individuo se enfrenta a sus miedos y limitaciones. Al atravesar estas experiencias, se produce un cambio en la percepción y se abre un camino hacia un estado de mayor libertad espiritual y emocional.

El autodescubrimiento en el chamanismo se basa en la conexión directa con el mundo espiritual y la naturaleza. A través de prácticas como la meditación en la naturaleza, el trabajo con animales de poder y el uso de plantas sagradas, los practicantes pueden acceder a una sabiduría que trasciende el conocimiento intelectual. La experiencia directa con el mundo espiritual proporciona insights y revelaciones sobre el propósito de vida, los desafíos personales y las lecciones que deben ser aprendidas. Este proceso de autodescubrimiento fomenta un sentido profundo de identidad y pertenencia, no solo en relación con uno mismo, sino también con el cosmos y el tejido de la vida.

El despertar espiritual en el chamanismo implica un cambio en la forma de ver el mundo y a uno mismo. Es un proceso que expande la conciencia más allá de la realidad cotidiana, permitiendo al individuo percibir la interconexión entre todos los seres y la presencia de lo sagrado en cada aspecto de la vida. Esta expansión de la conciencia no es un estado permanente, sino un proceso continuo que se profundiza a través de la práctica. La integración de experiencias místicas o trascendentales en la vida diaria es clave para que el despertar espiritual sea duradero y significativo. Es en la vida cotidiana donde las lecciones aprendidas en estados elevados de conciencia encuentran su verdadera aplicación.

El viaje chamánico es una herramienta poderosa para la transformación personal, ya que permite explorar los "mundos invisibles" en busca de orientación, sanación y comprensión. Durante el viaje, el chamán o practicante entra en un estado alterado de conciencia que facilita el acceso a reinos espirituales donde se pueden encontrar respuestas a preguntas profundas y soluciones a problemas aparentemente insolubles. La exploración de estos reinos ofrece la oportunidad de confrontar aspectos ocultos del ser, como miedos, traumas o bloqueos emocionales. Al enfrentarse a estas sombras y transformarlas, el individuo experimenta un crecimiento que trasciende la mente racional y promueve un cambio interno significativo.

El concepto de integración es fundamental en la transformación chamánica. No basta con experimentar estados de conciencia elevados o visiones trascendentales; es crucial integrar estas experiencias en la vida diaria para que se traduzcan en cambios concretos. La integración puede implicar la implementación de nuevos hábitos, la transformación de creencias limitantes o el establecimiento de relaciones más auténticas. La práctica chamánica ofrece herramientas para facilitar este proceso, como rituales de anclaje, meditaciones específicas y la creación de espacios sagrados en el hogar. Estas prácticas ayudan a mantener la conexión con el aprendizaje espiritual y a aplicar sus beneficios en la vida cotidiana.

El trabajo con animales de poder es otra práctica chamánica que facilita la transformación personal. Cada persona puede conectarse con uno o más animales de poder, que actúan como guías espirituales y reflejan aspectos del carácter o desafíos que deben ser abordados. Al trabajar con el simbolismo y la energía de un animal de poder, el practicante puede acceder a cualidades necesarias para su crecimiento, como el coraje del león, la sabiduría del búho o la resiliencia del lobo. Estos animales de poder no solo son fuentes de inspiración, sino también aliados en la sanación y el despertar espiritual, ya que su presencia ayuda a superar obstáculos y a descubrir potenciales ocultos.

La práctica de la limpieza energética es esencial en el camino de la transformación chamánica. A medida que se avanza en el proceso de sanación, es común que surjan energías estancadas o patrones emocionales que necesitan ser liberados. Las técnicas de limpieza, como el sahumerio, los baños rituales o la visualización de luz, ayudan a despejar el campo energético y a crear un espacio para que la nueva energía fluya libremente. La limpieza energética regular también refuerza la capacidad de permanecer centrado y alineado durante el despertar espiritual, evitando que influencias externas o energías densas interfieran en el proceso de transformación.

El chamanismo enseña que la transformación personal no es solo un proceso individual, sino que también tiene un impacto en la comunidad y el entorno. Al sanar y despertar espiritualmente, el individuo contribuye al bienestar del colectivo, ya que su energía y acciones se alinean con un propósito mayor. El chamán tradicionalmente desempeña un papel activo en la comunidad, utilizando su transformación personal para guiar y sanar a otros. En la práctica moderna, esto puede manifestarse de muchas maneras, como enseñar, liderar ceremonias o simplemente actuar como un ejemplo de vida consciente y comprometida con la sanación del planeta.

El despertar espiritual a través del chamanismo también implica un reencuentro con la naturaleza y un retorno a una forma de vida más sencilla y conectada. Muchas personas que siguen el camino chamánico experimentan un llamado a reconectar con los ritmos naturales, a reducir el consumo excesivo y a vivir en mayor armonía con el entorno. Esta transformación no solo se refleja en la práctica espiritual, sino también en decisiones diarias como el tipo de alimentos consumidos, la relación con el trabajo y el uso de recursos naturales. La espiritualidad chamánica invita a ver la vida cotidiana como un ritual sagrado y a cada acción como una expresión de la relación con lo divino.

En el proceso de transformación personal, es importante reconocer que el crecimiento no siempre es lineal. Habrá momentos de expansión y otros de contracción, donde pueden surgir desafíos que pongan a prueba la voluntad de continuar el camino. El chamanismo proporciona herramientas para enfrentar estos momentos difíciles, tales como el uso de rituales de renovación, la conexión con guías espirituales y la realización de ceremonias para liberar bloqueos. La capacidad de superar estos obstáculos fortalece la determinación y lleva a un despertar espiritual más profundo y auténtico.

La transformación personal y el despertar espiritual en el chamanismo no son fines en sí mismos, sino un camino continuo de evolución y aprendizaje. Al abrazar el proceso de cambio, el practicante no solo encuentra sanación para sí mismo, sino que también contribuye al equilibrio del mundo. El camino chamánico enseña que la verdadera transformación no es solo interna, sino que se refleja en la manera en que se vive, se relaciona y se interactúa con la realidad. La expansión de la conciencia lleva a una vida más plena, con propósito y en constante conexión con lo sagrado.

La profundización en la transformación personal y el despertar espiritual a través del chamanismo aborda técnicas específicas para catalizar cambios profundos y sostener el crecimiento espiritual a lo largo del tiempo. El camino chamánico no es lineal; implica enfrentar desafíos, superar bloqueos y adaptarse continuamente a nuevas etapas de desarrollo espiritual.

Para catalizar cambios profundos, es fundamental establecer un compromiso firme con el propio proceso de transformación. La práctica de rituales regulares, ya sea mediante la meditación, los viajes chamánicos o la participación en ceremonias de limpieza, es clave para mantener el enfoque en el crecimiento personal. Estos rituales no solo fortalecen la conexión con el mundo espiritual, sino que también proporcionan un espacio seguro para que emerjan emociones reprimidas y patrones subconscientes. El uso de tambores y cánticos, por ejemplo, puede ayudar a profundizar en estados meditativos que revelen aspectos ocultos del ser y promuevan el acceso a niveles más elevados de conciencia.

Una técnica poderosa para sostener el crecimiento espiritual es la visualización creativa, que se utiliza para manifestar intenciones específicas y transformar aspectos de la vida que necesitan sanación o mejora. En el chamanismo, la visualización no solo implica imaginar el resultado deseado, sino también interactuar con símbolos y energías que representen el proceso de cambio. Por ejemplo, visualizar la luz limpiadora de un fuego sagrado consumiendo viejos patrones de comportamiento o visualizar raíces creciendo desde los pies hacia la tierra para estabilizar la energía personal. Estas prácticas fortalecen la capacidad de materializar intenciones espirituales en la realidad física.

El uso de plantas sagradas también puede ser una herramienta para profundizar la transformación y el despertar espiritual, siempre y cuando se realice en un contexto adecuado y con el debido respeto. Las plantas maestras, como la ayahuasca, el San Pedro o los hongos psilocibios, han sido utilizadas tradicionalmente para facilitar experiencias de autodescubrimiento, sanación profunda y conexión con lo divino. Sin embargo, estas experiencias pueden ser intensas y requieren preparación y orientación adecuadas. Es crucial trabajar con un chamán experimentado o facilitador capacitado que pueda guiar el proceso, asegurando que se realice en un entorno seguro y con la intención correcta.

El trabajo con sombras es un aspecto esencial del chamanismo que implica enfrentar y transformar los aspectos ocultos y reprimidos de uno mismo. El término "sombra" se refiere a aquellas partes del ser que han sido negadas o suprimidas, como miedos, traumas, ira o tristeza. Enfrentar estas sombras no es fácil, pero es necesario para liberar energías estancadas y desbloquear el potencial personal. Durante un viaje chamánico o una meditación profunda, es posible encontrarse con símbolos o imágenes que representen estas sombras. Aceptarlas y trabajar para integrarlas, en lugar de rechazarlas, es un paso vital para alcanzar un estado de mayor plenitud y autenticidad.

La interpretación de sueños es otra técnica chamánica que puede ayudar a sostener el crecimiento espiritual. Los sueños no son solo experiencias nocturnas aleatorias; en el chamanismo, se consideran mensajes del mundo espiritual o del inconsciente que revelan aspectos importantes de la vida del individuo. Mantener un diario de sueños y reflexionar sobre su simbolismo permite captar lecciones valiosas y guías para el proceso de sanación. Además, la práctica de la incubación de sueños, en la cual se establece una intención específica antes de dormir para obtener orientación, puede ser útil para resolver problemas o recibir insights espirituales.

La autoevaluación regular es crucial para sostener la motivación en el camino de la transformación. El chamanismo enseña que el crecimiento personal implica ciclos de muerte y renacimiento, lo que significa que, de vez en cuando, es necesario reflexionar sobre los logros alcanzados y los desafíos aún presentes. Esto no solo implica reconocer el progreso, sino también identificar nuevas áreas de la vida que necesitan sanación o desarrollo. La autoevaluación puede llevarse a cabo a través de rituales específicos, como la quema simbólica de papeles en los que se han escrito limitaciones personales, o mediante la práctica de ceremonias de agradecimiento y renovación de compromisos espirituales.

La comunidad puede jugar un papel significativo en el proceso de sostener el despertar espiritual. Participar en círculos de sanación, ceremonias grupales o retiros chamánicos permite compartir experiencias, aprender de otros y recibir apoyo mutuo. La conexión con una comunidad espiritual ofrece la oportunidad de ver el propio crecimiento reflejado en los demás, lo que refuerza la motivación para continuar avanzando. Además, los chamanes y practicantes con más experiencia pueden actuar como guías y mentores, proporcionando orientación en momentos de duda o estancamiento.

El concepto de rendición es fundamental en la práctica chamánica para catalizar cambios profundos. La rendición no implica pasividad, sino la aceptación de la realidad tal como es y la disposición a dejar ir lo que ya no es útil. Al rendirse al flujo de la vida y confiar en la sabiduría del mundo espiritual, el individuo puede liberar el control excesivo y permitir que las transformaciones necesarias se manifiesten con mayor fluidez. Esta actitud de entrega es especialmente importante durante momentos de crisis, ya que permite abordar los desafíos con una mente abierta y un corazón dispuesto a aprender.

El trabajo con el cuerpo también es esencial para integrar la transformación espiritual. Las prácticas chamánicas incluyen técnicas que abordan no solo la mente y el espíritu, sino también el cuerpo físico, como el uso de danzas, masajes con aceites sagrados o la activación de puntos de energía. Las emociones y energías atrapadas a menudo se almacenan en el cuerpo, por lo que el movimiento consciente y las prácticas de sanación corporal ayudan a liberar tensiones y a equilibrar el sistema energético. Incorporar la conciencia corporal en el proceso de sanación asegura que el crecimiento espiritual se manifieste de manera integral.

El fortalecimiento de la conexión con los elementos de la naturaleza es otra forma de sostener el crecimiento espiritual. Cada elemento—tierra, agua, fuego y aire—representa diferentes aspectos del ser y puede ser utilizado para equilibrar y armonizar la energía personal. Por ejemplo, la tierra proporciona estabilidad y enraizamiento, el agua ayuda a liberar emociones, el fuego actúa como un transformador y el aire facilita la expansión y el cambio. Trabajar con estos elementos en rituales o meditaciones fortalece la conexión con el mundo natural y alinea la energía del individuo con el equilibrio del universo.

Finalmente, el camino de la transformación y el despertar espiritual en el chamanismo es un proceso continuo de aprendizaje y evolución. Cada experiencia, ya sea placentera o desafiante, ofrece una lección y una oportunidad para crecer. El compromiso con este camino significa aceptar el cambio como una constante y estar siempre dispuesto a explorar nuevas dimensiones del ser. La transformación profunda no ocurre de la noche a la mañana; es el resultado de la dedicación persistente y la apertura al misterio de la vida. En última instancia, el despertar espiritual en el chamanismo no es un destino, sino una forma de vivir con propósito y en conexión con lo sagrado.

Capítulo 20
El Camino del Chamán: Compromiso y Dedicación

El camino del chamán no es solo una serie de prácticas espirituales, sino un compromiso profundo y continuo con el crecimiento personal, la sanación y el servicio a los demás. Seguir el camino chamánico implica una dedicación constante, que abarca tanto la transformación interior como la responsabilidad hacia la comunidad y el entorno.

Uno de los pilares del compromiso chamánico es la autodisciplina. La práctica regular de rituales, meditaciones y ceremonias es fundamental para que el chamán mantenga su energía en equilibrio y profundice en su conexión espiritual. La autodisciplina no se trata solo de cumplir con un conjunto de prácticas, sino de cultivar una actitud de entrega y presencia en cada acción. La disciplina en el camino chamánico también implica la capacidad de enfrentar las propias sombras y limitaciones con honestidad, utilizando las herramientas chamánicas para transformarlas en fuentes de aprendizaje y crecimiento.

El servicio a los demás es otro aspecto central del compromiso del chamán. Desde tiempos ancestrales, el chamán ha sido visto como un sanador y guía para su comunidad, alguien que utiliza su conocimiento y habilidades espirituales para aliviar el sufrimiento, ofrecer orientación y restaurar el equilibrio. En la práctica moderna, esto puede manifestarse de diversas maneras, como la realización de ceremonias de sanación, la enseñanza de prácticas espirituales o el trabajo con grupos que buscan una mayor conexión con la naturaleza. El servicio desinteresado no solo beneficia a aquellos que reciben la sanación, sino que también profundiza el crecimiento del propio chamán, ya que le permite practicar la compasión y el desapego.

El compromiso en el camino del chamán también implica una dedicación continua al aprendizaje y la evolución personal. El conocimiento chamánico es vasto y multifacético, y abarca una comprensión profunda de las energías, los espíritus, la naturaleza y el ser humano. Un chamán nunca deja de aprender; siempre hay nuevas técnicas, perspectivas y experiencias que pueden enriquecer su práctica. Participar en retiros, recibir orientación de chamanes más experimentados y explorar diferentes tradiciones chamánicas son maneras de expandir el conocimiento y asegurar que el crecimiento espiritual se mantenga dinámico.

Los desafíos en el camino chamánico son inevitables y forman parte del proceso de aprendizaje. A menudo, el chamán se enfrentará a momentos de duda, crisis personal o agotamiento energético. Estos desafíos no son signos de fracaso, sino oportunidades para profundizar en la práctica y fortalecer la conexión con el mundo espiritual. Enfrentar y superar estos obstáculos refuerza la resiliencia y la sabiduría del chamán, enseñándole a adaptarse y a encontrar nuevas maneras de abordar las dificultades. La capacidad de aprender de los momentos difíciles y transformarlos en catalizadores de crecimiento es una de las cualidades esenciales de un verdadero chamán.

La relación con la naturaleza es un elemento crucial en el compromiso del chamán. El chamanismo enseña que la naturaleza no solo es el entorno físico, sino también una manifestación del espíritu que nos guía y nos enseña. Mantener una conexión constante con los elementos naturales y los seres vivos es esencial para la práctica chamánica. Esto implica no solo realizar rituales en la naturaleza, sino también vivir de manera sostenible, respetando el medio ambiente y promoviendo prácticas que protejan los ecosistemas. El chamán ve la naturaleza como un reflejo de su propio estado interior; cuando el entorno está en equilibrio, el ser también lo está.

El compromiso con la ética en la práctica chamánica es igualmente importante. Ser chamán conlleva una gran responsabilidad, ya que el trabajo espiritual puede tener un impacto profundo en las vidas de las personas. Es esencial actuar con integridad, siempre buscando el bienestar del otro y evitando el abuso de poder o la manipulación. La honestidad, la humildad y el respeto son principios fundamentales que deben guiar cada acción del chamán. La ética también se extiende a la protección de las tradiciones ancestrales, asegurando que las prácticas chamánicas se transmitan con el debido honor y respeto por sus raíces culturales.

La autodisciplina también se manifiesta en el cuidado de la propia energía. El chamán debe estar atento a su estado físico, emocional y espiritual, asegurándose de que no se agote en el proceso de sanar a otros. Las prácticas de limpieza energética, la meditación y el descanso adecuado son esenciales para mantener la vitalidad del chamán. Al cuidar de sí mismo, el chamán no solo protege su bienestar, sino que también garantiza que puede ofrecer una sanación de calidad y efectiva. La dedicación al autocuidado refleja el entendimiento de que para ayudar a los demás, uno primero debe estar en un estado de equilibrio.

El mantenimiento de la motivación en el camino chamánico puede requerir un esfuerzo consciente, especialmente en momentos de estancamiento o monotonía. La práctica chamánica puede ser revitalizada incorporando nuevos elementos en los rituales, explorando diferentes técnicas o realizando peregrinaciones a lugares sagrados. El encuentro con nuevas experiencias y desafíos refresca la práctica y ofrece nuevas perspectivas. Además, compartir el camino con otros practicantes, ya sea en círculos de sanación o en ceremonias grupales, puede inspirar y reavivar el sentido de propósito.

El compromiso con el crecimiento espiritual del chamán también implica una relación profunda con los guías y espíritus que asisten en la práctica. Estos seres espirituales son aliados en el camino, ofreciendo protección, sabiduría y orientación. Mantener una comunicación constante con los guías, a través de rituales específicos o el uso de oráculos chamánicos, asegura que el chamán esté alineado con la voluntad del mundo espiritual y que sus acciones sean guiadas por un propósito superior. La relación con los guías debe ser de respeto y gratitud, reconociendo que su ayuda es un privilegio y no un derecho.

Finalmente, el camino del chamán no se trata de alcanzar un estado final de iluminación, sino de vivir en un proceso constante de aprendizaje, servicio y transformación. El compromiso con este camino implica aceptar la vida con sus altibajos, y ver cada experiencia como una oportunidad para crecer y evolucionar. La dedicación a la práctica chamánica no es una carga, sino una elección consciente de vivir en conexión con lo sagrado y en servicio a los demás. Al cultivar la autodisciplina, el servicio, la ética y la relación con la naturaleza, el chamán encuentra un sentido profundo de propósito y plenitud en su vida.

El camino chamánico, con sus desafíos y recompensas, ofrece una oportunidad única para explorar el potencial humano y la relación con el mundo espiritual. La dedicación a este camino no solo transforma al chamán, sino también a aquellos con quienes entra en contacto, creando un círculo de sanación y crecimiento que se expande a la comunidad y al mundo.

La profundización en el compromiso y la dedicación en el camino del chamán implica explorar formas específicas para mantener la motivación y evolucionar continuamente en la práctica. Ser un chamán conlleva una serie de responsabilidades que requieren no solo la sanación y el servicio a la comunidad, sino también el crecimiento personal constante. En esta segunda parte, se discuten estrategias para enfrentar los desafíos que surgen en el camino, cómo mantener la conexión con el propósito espiritual y cómo nutrir la evolución continua tanto en el ámbito personal como en la práctica con otros.

Uno de los mayores desafíos en el camino del chamán es la capacidad de mantener la motivación a lo largo del tiempo. Es común que surjan momentos de fatiga o desánimo, especialmente cuando se atraviesan crisis personales o cuando el trabajo de sanación se vuelve emocionalmente exigente. Para mantener la motivación, es útil recordar el propósito más profundo que llevó a la elección de este camino: el llamado a sanar, a servir y a estar en conexión con lo sagrado. La práctica de la contemplación diaria, en la que se reflexiona sobre las propias intenciones y el sentido de la misión espiritual, puede ser una herramienta poderosa para reforzar el compromiso.

Establecer metas claras y específicas en la práctica chamánica también ayuda a mantener el enfoque y la dedicación. Estas metas pueden incluir el aprendizaje de nuevas técnicas, la participación en retiros, el desarrollo de habilidades adicionales o la realización de ceremonias con regularidad. Las metas no solo proporcionan un sentido de dirección, sino que también crean un marco para medir el progreso y celebrar los logros alcanzados. Al abordar la práctica con una actitud de mejora continua, el chamán se mantiene en un estado de evolución constante, lo que refuerza la motivación y el sentido de propósito.

La búsqueda de nuevas experiencias y desafíos es otra manera de sostener el compromiso en el camino del chamán. Participar en ceremonias en diferentes tradiciones, viajar a lugares sagrados o aprender de chamanes de otras culturas puede ofrecer nuevas perspectivas y enriquecer la práctica. La exposición a diferentes formas de conocimiento chamánico no solo amplía la comprensión del practicante, sino que también refresca la motivación y reaviva la pasión por el camino espiritual. Es importante, sin embargo, abordar estas nuevas experiencias con respeto y humildad, reconociendo las raíces culturales de cada tradición y evitando la apropiación cultural.

El apoyo de una comunidad espiritual es esencial para la dedicación continua en el camino chamánico. Al rodearse de otros practicantes que comparten un enfoque similar, el chamán encuentra un entorno que inspira, apoya y motiva. La participación en círculos de sanación, ceremonias grupales o encuentros regulares de practicantes crea una red de apoyo que puede ser especialmente valiosa en momentos de duda o desánimo. Compartir el camino con otros no solo refuerza el compromiso, sino que también brinda la oportunidad de aprender y crecer a través de las experiencias compartidas.

El proceso de autoevaluación continua es fundamental para la evolución personal y la práctica chamánica. La autocomplacencia puede convertirse en un obstáculo en el crecimiento espiritual, por lo que es crucial realizar una revisión periódica de las propias prácticas, creencias y actitudes. Reflexionar sobre los errores cometidos, los logros alcanzados y las áreas que necesitan mejorar permite al chamán mantenerse en un estado de aprendizaje constante. La humildad es clave en este proceso, ya que ayuda a aceptar la crítica constructiva y a reconocer que siempre hay algo nuevo que aprender, sin importar el nivel de experiencia alcanzado.

El compromiso con el crecimiento espiritual también implica desarrollar una relación profunda con los guías y los espíritus aliados. Mantener la comunicación con estos seres espirituales, ya sea a través del viaje chamánico, la meditación o el uso de oráculos, es esencial para recibir orientación y apoyo en el camino. Los guías espirituales actúan como maestros que ofrecen sabiduría, protección y desafíos que permiten al chamán crecer. Para mantener esta relación viva y significativa, es importante practicar la gratitud y realizar rituales regulares en honor a los espíritus aliados, asegurándose de que la conexión sea una fuente de inspiración y no se dé por sentada.

El autocuidado profundo es una práctica indispensable para la dedicación sostenida en el camino chamánico. La sanación de otros y el trabajo energético pueden ser exigentes, por lo que es vital que el chamán reserve tiempo para la propia renovación física, emocional y espiritual. Practicar la limpieza energética regular, participar en ceremonias de sanación personal y mantener un equilibrio entre el trabajo y el descanso son formas de asegurar que el chamán no se agote. El autocuidado no solo protege al chamán, sino que también le permite ofrecer un servicio más efectivo y auténtico a los demás.

El equilibrio entre el compromiso con la práctica chamánica y la vida cotidiana es otro aspecto clave para la evolución continua. Es importante integrar los principios chamánicos en todos los aspectos de la vida, no solo en momentos específicos de ritual o ceremonia. Vivir de acuerdo con las enseñanzas chamánicas significa actuar con respeto hacia la naturaleza, los demás y uno mismo, reconociendo la sacralidad en cada acción. La vida cotidiana se convierte en un campo de práctica espiritual donde se pueden aplicar los principios de equilibrio, gratitud y conexión con lo sagrado.

El servicio a la comunidad también forma parte integral del compromiso del chamán. Este servicio no siempre tiene que manifestarse a través de ceremonias o sanaciones formales; también puede incluir actos simples que contribuyan al bienestar del entorno o de las personas cercanas. El chamán puede actuar como un mediador de conflictos, un guía espiritual o un defensor del medio ambiente, utilizando sus habilidades para promover la armonía y el equilibrio. Al ver el servicio como una extensión de la práctica espiritual, el chamán refuerza su propósito y fortalece el compromiso con el camino.

Finalmente, la capacidad de rendirse a lo desconocido y aceptar la incertidumbre es un aspecto fundamental del compromiso en el camino chamánico. La vida está llena de cambios inesperados y desafíos que pueden poner a prueba la fe y la dedicación del chamán. En lugar de resistir estos momentos, el chamán aprende a fluir con ellos, confiando en que cada experiencia tiene un propósito en el proceso de evolución. La rendición no es un acto de debilidad, sino de entrega al flujo de la vida y a la sabiduría del mundo espiritual. Al aceptar lo desconocido, el chamán se abre a nuevas posibilidades y permite que la transformación ocurra de manera orgánica.

El camino del chamán es una danza continua entre el compromiso, la evolución y la dedicación. Al integrar estas cualidades en la práctica diaria, el chamán no solo avanza en su crecimiento personal, sino que también ilumina el camino para otros. La verdadera dedicación en el chamanismo no se mide por la cantidad de rituales realizados, sino por la profundidad con la que se vive el propósito espiritual y se actúa en armonía con el mundo. La evolución continua es tanto un desafío como una recompensa, y el chamán encuentra plenitud al seguir este camino sagrado con autenticidad y devoción.

Capítulo 21
Preparándose para Liderar Rituales y Ceremonias

El liderazgo en rituales y ceremonias chamánicas es una de las responsabilidades más importantes y sagradas del chamán. Prepararse para liderar estos eventos requiere no solo habilidades técnicas y conocimiento, sino también una profunda conexión con el mundo espiritual y una comprensión de las necesidades energéticas de los participantes.

La preparación interna del chamán es el primer paso esencial antes de liderar un ritual o ceremonia. El chamán debe asegurarse de estar en un estado de equilibrio físico, emocional y espiritual, para que pueda servir como un canal limpio y efectivo para las energías espirituales. Esto puede implicar prácticas previas de limpieza energética, meditación o incluso ayunos, con el fin de purificar el cuerpo y la mente. Además, la intención del chamán debe ser clara y enfocada; es importante establecer propósitos específicos para el ritual o ceremonia, pidiendo guía y protección a los espíritus aliados.

El estado emocional del chamán también juega un papel crucial en la preparación. Es importante que el chamán esté centrado y libre de distracciones personales que puedan afectar su capacidad de liderar el ritual. Si hay emociones intensas presentes, como tristeza, ansiedad o enojo, es recomendable trabajar con estas emociones antes del ritual, utilizando prácticas de sanación personal o limpieza energética para restaurar la calma. El chamán actúa como un pilar de estabilidad para los participantes, por lo que su disposición emocional influye directamente en la calidad de la ceremonia.

La preparación del espacio sagrado es una parte fundamental del liderazgo en rituales y ceremonias. El chamán debe consagrar el lugar donde se llevará a cabo la ceremonia, utilizando prácticas como la quema de sahumerios, el uso de agua bendita o la colocación de piedras y cristales sagrados. Estos actos no solo limpian el espacio de energías no deseadas, sino que también lo transforman en un entorno adecuado para la conexión con el mundo espiritual. La creación del altar, con objetos que representan los elementos naturales y las energías espirituales que se invocarán, es un aspecto clave para anclar la energía en el espacio.

La protección energética del espacio es otro componente esencial para garantizar un entorno seguro. El chamán puede invocar la presencia de los guardianes de los cuatro puntos cardinales o trabajar con guías espirituales específicos que actúen como protectores durante el ritual. El establecimiento de barreras energéticas, mediante visualizaciones o el uso de objetos sagrados como piedras protectoras, ayuda a crear un círculo seguro donde los participantes puedan experimentar la sanación sin interferencias externas. Es importante que estas protecciones se mantengan activas durante toda la ceremonia y que se refuercen si es necesario.

Antes de liderar el ritual, es fundamental que el chamán comunique claramente a los participantes lo que se espera de ellos y cómo deben comportarse durante la ceremonia. Esto puede incluir la explicación de las reglas básicas, como el respeto por el silencio, la disposición a participar activamente y la actitud de apertura hacia la experiencia. Informar a los participantes sobre los objetivos del ritual, las etapas del proceso y cualquier posible reacción emocional que puedan experimentar también es importante para que se sientan preparados y seguros. El conocimiento previo de lo que va a ocurrir reduce la ansiedad y permite que los participantes se concentren plenamente en la ceremonia.

El uso de herramientas y objetos sagrados en el ritual requiere una preparación cuidadosa. Si se van a utilizar instrumentos como tambores, sonajas, plumas o plantas sagradas, el chamán debe asegurarse de que estos objetos estén consagrados y preparados adecuadamente para la ceremonia. Cada herramienta tiene su propia energía y propósito, por lo que su uso debe ser intencional y respetuoso. Por ejemplo, si se utiliza un tambor para inducir estados alterados de conciencia, el chamán debe estar familiarizado con los ritmos específicos que facilitan el acceso a diferentes reinos espirituales y saber cómo guiar a los participantes a través de esos estados.

La vestimenta del chamán también puede desempeñar un papel importante en la preparación para liderar un ritual o ceremonia. En muchas tradiciones chamánicas, la vestimenta ceremonial tiene un significado simbólico y actúa como una forma de anclar la energía del chamán. La elección de ropas, plumas, collares y otros adornos debe hacerse con intención, considerando qué energías o espíritus se desean invocar durante la ceremonia. La vestimenta no solo ayuda a conectar al chamán con su rol, sino que también establece una atmósfera ceremonial para los participantes, marcando la diferencia entre el espacio sagrado y la vida cotidiana.

La conexión previa con los espíritus y guías que asistirán en el ritual es una parte esencial del proceso de preparación. El chamán puede realizar un viaje chamánico o una meditación para consultar a los espíritus y recibir indicaciones sobre cómo llevar a cabo la ceremonia. Esta conexión anticipada no solo ayuda a planificar el ritual, sino que también garantiza que el chamán estará alineado con las energías espirituales durante la ceremonia. Al trabajar en cooperación con los guías y espíritus, el chamán puede responder con mayor sensibilidad a las necesidades de los participantes y a las dinámicas energéticas que surjan durante el ritual.

La práctica de anclaje y conexión a tierra antes del inicio de la ceremonia es vital para que el chamán permanezca centrado. En ocasiones, los estados alterados de conciencia inducidos durante un ritual pueden llevar al chamán a experimentar sensaciones intensas o cambios en la percepción. Mantener un anclaje firme, mediante la conexión con la tierra o el uso de técnicas de respiración, permite al chamán navegar estos estados sin perder el control. La capacidad de moverse entre el mundo espiritual y el físico de manera fluida es una habilidad clave que debe ser cultivada para liderar rituales con éxito.

Finalmente, el chamán debe estar preparado para manejar cualquier emergencia o situación inesperada que pueda surgir durante el ritual. Esto puede incluir reacciones emocionales intensas de los participantes, interrupciones externas o cambios repentinos en la energía del espacio. La flexibilidad y la capacidad de adaptarse rápidamente son cualidades importantes en un líder ceremonial. El chamán debe tener herramientas adicionales a mano, como hierbas para limpieza, agua para consagrar o cristales protectores, que puedan utilizarse para estabilizar la energía si es necesario. La preparación para lo inesperado asegura que el chamán pueda mantener la integridad del ritual y ofrecer una experiencia segura y significativa para todos.

La preparación para liderar rituales y ceremonias chamánicas es un proceso que abarca tanto la disposición interna del chamán como la configuración del espacio sagrado y la comunicación con los participantes. Al cuidar cada detalle, el chamán establece un entorno propicio para la sanación, la transformación y la conexión con el mundo espiritual. La dedicación a esta preparación refleja el respeto y la responsabilidad que conlleva el liderazgo ceremonial, y asegura que el ritual sea una experiencia poderosa y transformadora para todos los presentes.

La profundización en la preparación para liderar rituales y ceremonias chamánicas abarca el desarrollo de habilidades de liderazgo, la capacidad de manejar emergencias espirituales, y la adaptación de las prácticas para diferentes tipos de participantes y contextos. En esta segunda parte, se aborda cómo guiar de manera segura y eficaz a los participantes a través de la experiencia ceremonial, ofreciendo estrategias para mantener la cohesión del grupo, responder a situaciones imprevistas, y adaptar las prácticas según las necesidades específicas del momento. Liderar una ceremonia conlleva una gran responsabilidad, ya que el chamán actúa como puente entre lo sagrado y lo mundano.

Una habilidad fundamental para liderar rituales y ceremonias es la capacidad de leer la energía del grupo y del espacio. El chamán debe estar atento a las dinámicas que surgen durante el ritual, como cambios en la intensidad emocional de los participantes, fluctuaciones en el ambiente energético o señales de incomodidad física o emocional. La percepción sutil permite al chamán ajustar el ritmo del ritual, cambiar de técnica o introducir una práctica de apoyo si es necesario. La capacidad de leer la energía se desarrolla a través de la experiencia y la práctica continua, así como por la conexión previa con los guías espirituales, que pueden ofrecer indicaciones sobre cómo proceder.

Durante un ritual, pueden surgir emergencias espirituales o crisis personales en los participantes. Estas emergencias pueden incluir reacciones emocionales intensas, liberación de traumas, o estados de disociación. Es esencial que el chamán esté preparado para manejar estas situaciones con sensibilidad y firmeza. En algunos casos, puede ser necesario interrumpir el ritual para ofrecer apoyo directo a un participante, utilizando técnicas de grounding (conexión a tierra), toques energéticos o el uso de herramientas como hierbas calmantes o piedras de protección. La prioridad en estos momentos es garantizar la seguridad y el bienestar de la persona afectada, evitando que el proceso se descontrole.

En algunos rituales, los participantes pueden experimentar visiones o encuentros con entidades espirituales. Estas experiencias son valiosas, pero también pueden ser desconcertantes o abrumadoras, especialmente para quienes no están familiarizados con la práctica chamánica. El chamán debe guiar a los participantes para que integren estas experiencias, ofreciendo interpretaciones simbólicas o recomendaciones para trabajar con la información recibida después de la ceremonia. Es importante que el chamán evite imponer significados específicos, en su lugar, debe ayudar al participante a explorar el mensaje de forma personal y significativa. La integración posterior a la ceremonia es crucial para asegurar que las experiencias espirituales sean asimiladas de manera saludable.

El uso de la voz es otra herramienta poderosa en la conducción de rituales chamánicos. La entonación de cánticos, mantras o palabras de poder no solo ayuda a establecer el ritmo de la ceremonia, sino que también actúa como una herramienta de guía y protección. La voz del chamán puede inducir estados alterados de conciencia o proporcionar consuelo y apoyo durante momentos intensos del ritual. Es importante que el chamán practique y desarrolle su capacidad vocal, experimentando con diferentes tonos, volúmenes y melodías para adaptarse a las necesidades del momento. La voz debe ser utilizada con intención, ya que cada sonido puede afectar la energía del grupo y del entorno.

La adaptación de las ceremonias según el contexto es una habilidad esencial para el chamán moderno. Dependiendo de la composición del grupo, el entorno físico, y los objetivos del ritual, el chamán puede necesitar modificar ciertas prácticas. Por ejemplo, en un entorno urbano, puede ser necesario trabajar en espacios cerrados, utilizando elementos que representen los cuatro elementos naturales en lugar de estar en contacto directo con ellos. Del mismo modo, si se lidera una ceremonia para personas con poca experiencia en el chamanismo, el chamán puede optar por simplificar algunas técnicas o proporcionar explicaciones adicionales para guiar a los participantes a lo largo del proceso.

El trabajo con grupos grandes presenta desafíos específicos en la conducción de ceremonias. A medida que aumenta el número de participantes, se vuelve más difícil monitorear a cada persona individualmente. El chamán puede utilizar asistentes o cofacilitadores para ayudar a mantener el flujo del ritual y ofrecer apoyo a quienes lo necesiten. La coordinación con los asistentes debe ser clara, estableciendo roles y procedimientos para responder a situaciones de emergencia. Además, el chamán debe ser capaz de proyectar su energía de manera más amplia, utilizando cánticos, tambores o técnicas de visualización para unificar la energía del grupo y crear una atmósfera de cohesión.

En algunos rituales, se puede utilizar el trabajo con plantas sagradas o enteógenos. Estos rituales requieren una preparación y supervisión especiales, ya que el uso de estas plantas puede inducir estados profundos de trance y generar experiencias intensas. El chamán debe asegurarse de que los participantes estén adecuadamente preparados, informados sobre los efectos posibles y dispuestos a participar en la ceremonia. Además, es crucial establecer un entorno controlado, donde se minimicen las distracciones externas y se garantice la seguridad física y emocional de todos los presentes. El chamán debe estar atento a los efectos de las plantas y listo para intervenir si un participante necesita apoyo adicional.

La conclusión del ritual es tan importante como su inicio. Es necesario cerrar la ceremonia de manera adecuada, agradeciendo a los espíritus y guías que han participado, y asegurándose de que las energías del espacio vuelvan a su equilibrio natural. El chamán puede realizar un ritual de cierre, como apagar velas, tocar una campana o realizar una limpieza energética final con sahumerios. Este proceso de cierre ayuda a los participantes a volver gradualmente a la realidad cotidiana, evitando que se sientan "desconectados" o "perdidos" después del ritual. La ceremonia debe cerrarse con una actitud de gratitud, reconociendo el trabajo espiritual realizado y las enseñanzas recibidas.

Después de la ceremonia, la integración de la experiencia es clave para el crecimiento personal de los participantes. El chamán puede ofrecer una sesión de reflexión grupal, donde se comparten las experiencias y se discuten posibles interpretaciones. Además, es útil proporcionar recomendaciones para la práctica personal, como la escritura de un diario, la meditación o la realización de rituales sencillos en casa. La integración ayuda a asimilar las enseñanzas del ritual y permite que los efectos de la sanación se manifiesten de manera más profunda y duradera en la vida cotidiana.

El liderazgo en rituales y ceremonias chamánicas implica un equilibrio constante entre la preparación técnica, la intuición y la conexión espiritual. La capacidad del chamán para adaptarse a las necesidades del momento, manejar emergencias espirituales y guiar a los participantes hacia una experiencia significativa es fundamental para el éxito de la ceremonia. La dedicación a la práctica continua, el aprendizaje de nuevas habilidades y la conexión con los espíritus aliados son elementos esenciales para desarrollar un liderazgo ceremonial efectivo. Al liderar un ritual con respeto y responsabilidad, el chamán actúa como un verdadero facilitador de sanación y transformación, ofreciendo a los participantes la oportunidad de experimentar lo sagrado en su forma más pura.

Capítulo 22
Reflexiones Finales e Integración del Conocimiento

A medida que se cierra el viaje a lo largo de este libro, es esencial detenerse y reflexionar sobre los aprendizajes y prácticas explorados. La curación chamánica no es solo un conjunto de técnicas, sino un camino integral que abarca la transformación del ser en múltiples niveles: físico, emocional, mental y espiritual.

Uno de los primeros pasos para integrar el conocimiento chamánico es tomar tiempo para reflexionar sobre la experiencia personal con las prácticas discutidas. La reflexión no solo implica pensar en lo aprendido, sino también reconocer cómo estas enseñanzas han transformado aspectos específicos de la vida cotidiana, como la forma de ver el mundo, las relaciones con los demás y la conexión con la naturaleza. Es recomendable llevar un diario de reflexiones, donde se registren insights, experiencias y desafíos, lo que ayuda a consolidar el aprendizaje y a establecer una relación continua con las prácticas chamánicas.

El chamanismo, en su esencia, enseña la interconexión de todas las cosas y la importancia de vivir en armonía con el entorno. A lo largo de este libro, se han explorado diversas maneras de acceder a estados alterados de conciencia, trabajar con guías espirituales, realizar viajes chamánicos y utilizar plantas sagradas. La integración de estas prácticas en la vida diaria implica reconocer que el mundo espiritual y el mundo físico no están separados, sino que coexisten de manera constante. Vivir con esta conciencia lleva a un estilo de vida más consciente y conectado, donde cada acción, pensamiento y palabra se considera parte de un flujo energético más amplio.

Para integrar profundamente las enseñanzas chamánicas, es importante que el practicante mantenga una rutina regular de prácticas espirituales. Esto no significa necesariamente realizar ceremonias complejas todos los días, sino más bien encontrar maneras simples y significativas de mantener la conexión espiritual. Practicar la meditación, realizar pequeñas ceremonias de gratitud, o conectar con los elementos naturales puede ser suficiente para sostener el crecimiento espiritual. La clave está en la constancia y en la disposición para escuchar y responder a las necesidades espirituales del momento.

La relación con los guías y espíritus es una parte crucial de la integración del conocimiento chamánico. A lo largo del camino, el practicante ha aprendido a invocar la ayuda de animales de poder, guías espirituales y fuerzas de la naturaleza. Para que esta relación sea efectiva y duradera, es necesario mantener una comunicación continua y respetuosa con estos seres. Esto se puede hacer mediante rituales regulares, ofrendas simbólicas o viajes chamánicos para recibir orientación. Al tratar a los guías como aliados vivos y presentes, el practicante enriquece su vida espiritual y fortalece su capacidad de recibir ayuda en momentos de necesidad.

El proceso de integración también implica aceptar y abrazar los cambios que han surgido a lo largo del camino chamánico. La práctica espiritual trae consigo transformaciones profundas, no solo en la forma en que uno percibe el mundo, sino también en el propio ser. Es posible que surjan cambios en las relaciones, en la forma de enfrentar los desafíos o incluso en la propia identidad. En lugar de resistir estos cambios, es importante recibirlos con una actitud abierta y verlos como señales de crecimiento. El camino chamánico es un proceso continuo de muerte y renacimiento, donde el viejo yo se transforma para dar paso a una versión más auténtica y alineada con el propósito espiritual.

Un aspecto esencial de la integración es la capacidad de aplicar las enseñanzas chamánicas para resolver problemas y mejorar la calidad de vida. La sanación chamánica no se limita a ceremonias o estados de trance, sino que también ofrece herramientas para enfrentar la vida cotidiana con sabiduría y equilibrio. Por ejemplo, el trabajo con los elementos naturales puede ser utilizado para equilibrar la energía personal en momentos de estrés, mientras que la conexión con los animales de poder puede ofrecer fuerza y coraje en situaciones difíciles. La capacidad de llevar el conocimiento chamánico a los desafíos del día a día es una señal de que el aprendizaje ha sido realmente integrado.

La importancia del servicio y la contribución a la comunidad también forma parte del proceso de integración del conocimiento chamánico. Las prácticas espirituales no deben ser vistas únicamente como un medio para el crecimiento personal, sino también como una forma de ofrecer sanación y apoyo a los demás. Los conocimientos adquiridos a lo largo del camino pueden ser utilizados para guiar a otras personas en su proceso de sanación, para liderar ceremonias o para realizar trabajos energéticos que beneficien a la comunidad. El chamán tradicionalmente ocupa el papel de líder comunitario y sanador, y esta tradición puede ser continuada al encontrar maneras de compartir lo aprendido con otros.

Otra dimensión de la integración es la aplicación del conocimiento chamánico en la sanación de la tierra. La crisis ambiental actual requiere un enfoque espiritual para restaurar la armonía entre la humanidad y el planeta. Las prácticas chamánicas pueden ser utilizadas para realizar ceremonias de sanación de la tierra, invocar la ayuda de los espíritus de la naturaleza o simplemente vivir de manera más consciente y respetuosa con el entorno. La integración del conocimiento chamánico no solo se refleja en la sanación personal, sino también en el esfuerzo por contribuir a la sanación del mundo.

Es fundamental aceptar que la integración es un proceso continuo, que no tiene un punto final. El conocimiento chamánico es vasto y, aunque el camino ya ha sido recorrido en este libro, siempre habrá más por aprender y experimentar. La disposición para seguir explorando, seguir creciendo y seguir evolucionando es lo que mantiene viva la práctica espiritual. El chamanismo no es un destino, sino un viaje continuo de descubrimiento, sanación y transformación. Al estar dispuesto a mantener la mente y el corazón abiertos, el practicante asegura que las enseñanzas continúen floreciendo y expandiéndose en su vida.

En resumen, la integración del conocimiento chamánico implica un compromiso constante con la práctica, la reflexión, y la aplicación de las enseñanzas en todos los aspectos de la vida. Al hacerlo, el practicante no solo encuentra sanación para sí mismo, sino que también contribuye al bienestar de la comunidad y del planeta. La capacidad de vivir con una conciencia ampliada y en armonía con lo sagrado es la verdadera recompensa del camino chamánico, y es un don que se extiende mucho más allá de los límites de cualquier ritual o ceremonia específica.

Para culminar este viaje a través de la curación chamánica, es esencial profundizar en las reflexiones finales y explorar cómo el conocimiento adquirido puede continuar expandiéndose y evolucionando.

El aprendizaje en el chamanismo nunca se detiene. A medida que el practicante avanza en su camino, surgen nuevas capas de comprensión y experiencias más profundas. Es importante mantener la curiosidad y la disposición para explorar aspectos del chamanismo que aún no han sido abordados. La práctica regular, la búsqueda de nuevos maestros y la participación en ceremonias o retiros específicos pueden abrir puertas hacia dimensiones espirituales más sutiles. La mente y el espíritu siempre pueden ser desafiados y enriquecidos, lo que fortalece la conexión con lo sagrado y fomenta la evolución personal.

El crecimiento espiritual sostenido requiere una dedicación continua a la práctica y una disposición a confrontar desafíos internos. A lo largo del tiempo, pueden surgir momentos de estancamiento o confusión en los que el progreso parece limitado. En lugar de ver estos momentos como retrocesos, es fundamental abordarlos como oportunidades para una reflexión más profunda y para realizar ajustes en la práctica. Los obstáculos en el camino a menudo reflejan áreas que necesitan atención o sanación, y al enfrentar estas dificultades, el practicante puede experimentar transformaciones significativas. La paciencia y la perseverancia son cualidades esenciales en el proceso de crecimiento espiritual continuo.

Una forma de seguir expandiendo el conocimiento chamánico es explorando diferentes tradiciones y culturas. Cada cultura chamánica tiene su propio conjunto de prácticas, símbolos y métodos de sanación. Aprender de diversas tradiciones no solo enriquece la propia práctica, sino que también promueve una visión más amplia y profunda de la espiritualidad. Sin embargo, es crucial abordar este aprendizaje con respeto, reconociendo las raíces culturales y evitando la apropiación. La integración de diferentes enseñanzas debe hacerse con un enfoque que honre las tradiciones de origen, adaptándolas de manera consciente y ética a la práctica personal.

El papel del chamán en el mundo moderno implica adaptarse a las nuevas realidades culturales, tecnológicas y ambientales. Los cambios rápidos en la sociedad y el impacto del estrés y la desconexión con la naturaleza requieren que el chamán moderno desarrolle nuevas formas de aplicar las prácticas chamánicas. Esto puede incluir el uso de tecnologías para compartir enseñanzas, la creación de rituales en entornos urbanos o la combinación del chamanismo con otras disciplinas terapéuticas. La capacidad de adaptarse y evolucionar es clave para mantener la relevancia del chamanismo y asegurar que sus beneficios sigan llegando a aquellos que los necesitan.

La expansión del conocimiento chamánico también implica la apertura a la innovación y la creatividad en la práctica. El chamanismo, aunque profundamente enraizado en tradiciones ancestrales, no es un sistema rígido. La creatividad permite al practicante desarrollar nuevas formas de rituales, técnicas de sanación o métodos para inducir estados alterados de conciencia. Al integrar la intuición y la experiencia personal en la práctica, el chamán puede crear un camino que sea auténtico y relevante para su vida y la de aquellos a quienes guía. La innovación debe estar siempre alineada con los principios éticos y espirituales del chamanismo, asegurando que el respeto por las tradiciones originales no se pierda.

La reflexión continua es una herramienta fundamental para la integración sostenida de las enseñanzas. Revisar periódicamente el propio camino, los cambios experimentados y las lecciones aprendidas permite que el practicante se mantenga consciente de su evolución y ajuste la práctica según sea necesario. Esta autoevaluación puede realizarse mediante diarios, meditaciones introspectivas o consultas con guías espirituales. Al reflexionar, el practicante se asegura de que las experiencias espirituales no se queden solo en el ámbito de lo abstracto, sino que se traduzcan en cambios concretos y beneficiosos en la vida cotidiana.

El concepto de reciprocidad es esencial en la expansión del conocimiento chamánico. El chamanismo enseña que todo en la vida está interconectado, y que la energía que uno recibe debe ser devuelta al mundo de alguna manera. El practicante puede compartir lo que ha aprendido con otros, liderando ceremonias, enseñando o simplemente apoyando a aquellos que necesitan orientación. Esta actitud de servicio no solo enriquece la vida de los demás, sino que también fortalece el propio camino espiritual, ya que la energía compartida regresa amplificada. La reciprocidad asegura un flujo constante de energía y aprendizaje, manteniendo viva la práctica chamánica.

El camino chamánico también puede ser una fuente de inspiración para abordar cuestiones globales, como la crisis ambiental, los conflictos sociales o la salud mental. La sabiduría chamánica ofrece una perspectiva holística que puede ayudar a encontrar soluciones más integradas y sostenibles. Al aplicar principios chamánicos como la sanación de la tierra, la interconexión y el equilibrio, el practicante puede contribuir a la transformación de la sociedad. Participar en movimientos ecológicos, realizar ceremonias públicas para la sanación del entorno o colaborar con terapeutas para integrar el chamanismo en la salud mental son formas de aplicar el conocimiento adquirido en un contexto más amplio.

Para aquellos que sienten un llamado a profundizar aún más en el chamanismo, la dedicación a la formación avanzada y a convertirse en un líder espiritual es un camino posible. Convertirse en un chamán reconocido requiere un compromiso serio con la práctica, el estudio y el servicio. Es importante buscar la guía de maestros experimentados y continuar aprendiendo de la naturaleza y de los espíritus. El liderazgo chamánico no se trata solo de enseñar o realizar sanaciones, sino también de vivir una vida que encarne los principios chamánicos en todos los aspectos. La formación avanzada implica un equilibrio constante entre el aprendizaje y la aplicación, la enseñanza y el servicio.

Finalmente, es esencial recordar que el chamanismo es una práctica de vida, un camino que va más allá de los rituales y ceremonias. Implica una forma de ser y de relacionarse con el mundo, donde cada momento es una oportunidad para conectarse con lo sagrado y para honrar la vida en todas sus manifestaciones. La expansión del conocimiento chamánico no tiene un punto final, ya que siempre hay nuevas dimensiones de la realidad por explorar y nuevas lecciones por aprender. Al adoptar una actitud de humildad y apertura, el practicante se convierte en un eterno aprendiz del gran misterio de la vida.

Con estas reflexiones finales, se concluye el viaje explorado en este libro. Sin embargo, el verdadero camino del chamanismo continúa, invitando a cada practicante a seguir aprendiendo, sanando y transformando, tanto su vida como el mundo a su alrededor. La integración del conocimiento chamánico es un proceso dinámico, una danza entre lo conocido y lo desconocido, lo visible y lo invisible. Al mantener la práctica viva y al aplicarla con integridad y amor, el practicante se convierte en un guardián de la sabiduría ancestral y en un agente de cambio para el futuro. El camino del chamanismo no termina aquí; es un viaje continuo hacia lo sagrado, siempre en expansión.

Epílogo

Al concluir este viaje a través de las prácticas y sabidurías chamánicas, es inevitable sentirse transformado. La lectura de este libro ha abierto puertas hacia un conocimiento profundo que no se puede medir con palabras, sino que se experimenta en el corazón y en el espíritu. La sanación chamánica nos recuerda que somos parte de una red interconectada de vida, donde cada ser y cada elemento de la naturaleza desempeñan un papel esencial en el equilibrio del universo. Lo aprendido aquí no es solo una colección de técnicas o rituales, sino una forma de ver y vivir la vida en conexión con los ritmos sagrados del cosmos.

A lo largo de estas páginas, se ha desvelado un camino de regreso a lo esencial, un retorno al entendimiento de que la sanación verdadera implica restaurar no solo el cuerpo, sino también la mente y el espíritu. Las historias, los rituales y las enseñanzas compartidas nos han llevado a comprender que la salud no es simplemente la ausencia de enfermedad, sino un estado de armonía integral donde todos los aspectos de nuestro ser vibran en consonancia con las fuerzas de la naturaleza y del espíritu.

El viaje chamánico es, en última instancia, un viaje hacia uno mismo. Cada encuentro con un espíritu guía, cada visión en un estado alterado de conciencia, ha sido un reflejo de nuestra propia alma, invitándonos a explorar nuestras sombras, nuestros miedos y nuestras esperanzas. Esta práctica nos enseña que la sanación no es un destino final, sino un proceso dinámico de equilibrio y reconexión que continúa más allá de las ceremonias y los rituales. Es un camino de aprendizaje constante, donde cada experiencia se convierte en una lección que nos lleva a profundizar en nuestra comprensión del mundo y de nosotros mismos.

Al cerrar este libro, no se debe pensar que la travesía ha terminado. Al contrario, cada uno de los conocimientos adquiridos y las reflexiones suscitadas son semillas que han sido plantadas en el terreno fértil de la mente y el corazón. Ahora, corresponde a cada lector cultivar esas semillas, dejar que crezcan y florezcan en sus vidas cotidianas. La verdadera transformación ocurre cuando aplicamos lo aprendido, cuando tomamos la sabiduría de los ancestros y la integramos en nuestro ser, permitiendo que guíe nuestras acciones y decisiones.

El chamán moderno, al igual que sus antecesores, tiene la responsabilidad de ser un puente entre los mundos, de llevar las enseñanzas espirituales a la vida práctica, de sanar no solo a individuos, sino a la sociedad y al entorno natural. En una época en que la desconexión y el desequilibrio son tan palpables, las prácticas chamánicas nos recuerdan la necesidad urgente de restablecer nuestra relación sagrada con la naturaleza. Las ceremonias, los rituales y los estados alterados de conciencia son herramientas poderosas, pero su verdadero poder reside en cómo nos transforman y nos hacen más conscientes de nuestra conexión con todas las cosas.

Este libro no cierra un ciclo, sino que lo amplía, dejando abiertas nuevas preguntas y caminos por explorar. Las técnicas y enseñanzas aquí presentadas son solo el comienzo de una búsqueda que puede extenderse a lo largo de toda una vida. Al lector se le invita a seguir investigando, a seguir aprendiendo, y a recordar siempre que la sanación es un proceso continuo que se nutre de la curiosidad, la humildad y el respeto por los misterios que nos rodean.

Al final, lo que se ha compartido en estas páginas es una invitación a reconocer lo sagrado en lo cotidiano, a encontrar lo extraordinario en la simplicidad de un momento presente y a ver cada día como una oportunidad para conectar con lo divino. Que las enseñanzas chamánicas aquí desveladas sirvan como un recordatorio constante de que la vida es, en su esencia más profunda, un viaje hacia la plenitud y el equilibrio. Y que, al seguir caminando este sendero, cada paso sea dado con la certeza de que nunca estamos solos; siempre estamos acompañados por los espíritus, los ancestros y las fuerzas de la naturaleza que nos guían.

Milton Keynes UK
Ingram Content Group UK Ltd.
UKHW042244011124
450424UK00001BA/242